Jutta M. D. Siebers
Altersversorgung richtig geplant!

Jutta M. D. Siebers

Altersversorgung richtig geplant!

Wege aus der Versorgungslücke

Ratgeber Ehrenwirth

Die Deutsche Bibliothek – CIP-Einheitsaufnahme

Siebers, Jutta M. D.:
Altersversorgung richtig geplant! : Wege aus der
Versorgungslücke / Jutta M. D. Siebers. – München :
Ehrenwirth, 1995
(Ratgeber Ehrenwirth)
ISBN 3-431-03424-1

ISBN 3-431-03424-1
© 1995 by Ehrenwirth Verlag GmbH, Schwanthalerstr. 91, D-80336 München
Umschlag: Rainald Schwarz, München
Umschlagfoto: Bavaria Bildagentur, Gauting
Satz: ew print & medien service gmbh, Würzburg
Druck: Landesverlag, Linz
Printed in Austria

Inhalt

Vorwort		9
1	**Die gesetzliche Rente reicht nicht aus**	**11**
1.1	Die Probleme der gesetzlichen Altersvorsorge	11
1.1.1	*Steigende Lebenserwartung*	*14*
1.1.2	*Frühzeitiger Rentenbeginn*	*14*
1.1.3	*Sinkende Geburtenzahlen*	*14*
1.1.4	*Bevölkerungsstruktur verändert sich*	*14*
1.1.5	*Belastungsverschiebung*	*15*
1.2	Die Probleme der betrieblichen Altersvorsorge	17
1.2.1	*Die unmittelbare Versorgungszusage*	*18*
1.2.2	*Die Pensionskasse*	*18*
1.2.3	*Die Unterstützungskasse*	*19*
1.2.4	*Die Direktversicherung durch Gehaltsumwandlung*	*19*
2	**Die Versorgungslücke schließen**	**21**
2.1	Wer ist versichert?	21
2.2	Welche Renten gibt es?	22
2.2.1	*Die Regelaltersrente*	*22*
2.2.2	*Die Altersrente langjährig Versicherter*	*23*
2.2.3	*Altersrente für Frauen*	*23*
2.3	Die neue Rentenformel	24
2.3.1	*Und so berechnen Sie Ihre Punkte!*	*24*
2.3.2	*Hinweis für Jüngere*	*30*
2.4	So errechnen Sie Ihre Versorgungslücke	30
2.5	Und so schließen Sie die Lücke	31
3	**Altersvorsorge durch Lebensversicherungen**	**32**
3.1	Lebensversicherung und Altersvorsorge	32
3.1.1	*Sicherheit*	*32*
3.1.2	*Rendite*	*32*
3.1.3	*Steuern*	*33*
3.1.4	*Liquidität*	*33*
3.1.5	*Die »beste« Lebensversicherung*	*33*
3.1.6	*So berechnen Sie die Rendite*	*34*
3.2	Spartip: Jüngere und/oder weibliche Versicherte einsetzen	37
3.3	Die Rentenversicherung ohne Risikoanteil	38

3.4		Geringe Todesfallsummen	39
3.		Fazit	40
4		**Altersvorsorge durch Investmentfonds**	**41**
4.1		Wie funktioniert ein Fonds?	41
4.1.1		*Welche Vorteile bietet der Bruchteilkauf?*	42
4.1.2		*Welche Begriffe sind wichtig?*	42
4.1.3		*Die Fondsgesellschaft*	43
4.1.4		*Weitere Faktoren*	44
4.2		Warum Fondsanteile?	44
4.2.1		*Erträge und Kursgewinne steigern den Wert des Anteils*	45
4.2.2		*Unterschiedliche Ziele*	45
4.2.3		*Ausgabepreis und Rücknahmepreis*	46
4.2.4		*Weitere Kosten*	47
4.2.5		*Kosten aus Vertrieb, Verwahrung und Verkauf von Fondsanteilen*	48
4.2.6		*Einzahlungsarten*	48
4.2.7		*Verwahrung der Anteile*	49
4.2.8		*So erhalten Sie die Erträge Ihres Fonds*	49
4.2.9		*Langfristiger Vermögensaufbau*	50
4.3		So finden Sie den richtigen Fonds	51
4.3.1		*Der Rentenfonds*	52
4.3.2		*Der Aktienfonds*	55
4.3.3		*Gemischte Fonds*	58
4.3.4		*Optionsscheinfonds*	61
4.3.5		*Immobilienfonds*	62
4.3.6		*Umbrella-Fonds und Dach-Fonds*	68
4.3.7		*No-Load-Fonds*	69
4.4		Wie soll ich mein Geld anlegen?	70
4.4.1		*Soll ich nur einmal anlegen?*	70
4.4.2		*Soll ich nach einem Plan sparen?*	71
4.4.3		*Weitere Pläne*	73
4.4.4		*Altersvorsorge mit Investmentfonds*	75
4.4.5		*Am Anfang waren es nur 936 DM*	76
4.5		Zusammenfassung	77
5		**Altersvorsorge durch Wertpapiere**	**78**
5.1		Die Ansparformen	78
5.2		Die Sparbücher	79
5.2.1		*Das einfache Sparbuch*	80

5.2.2	Das FIBOR-Sparbuch/-Konto	81
5.3	Festgeld/Kündigungsgeld	83
5.4	Festverzinsliche Spareinlagen	85
5.4.1	Die Sparbriefe	85
5.4.2	Die Bundesschatzbriefe	87
5.5	Der Pfandbrief	88
5.6	Das selbstverwaltete Depot	90
5.6.1	Die Fundamentalanalyse	91
5.6.2	Die Gesamtwirtschaftsanalyse	92
5.6.3	Die deutschen Zinssätze	93
5.6.4	Die Deutsche Bundesbank	93
5.6.5	Die Prognose	95
5.6.6	Die Technische Analyse	95
5.7	Anleihen	97
5.7.1	Die Festzinsanleihe	99
5.7.2	Die Optionsanleihe	100
5.7.3	Auslandsanleihen	102
5.7.4	Zerobonds	103
5.7.5	Die Rendite berechnen	105
5.7.6	Die Risiken berücksichtigen	108
5.7.7	Ihre persönliche Auswahl	112
5.8	Aktien	113
5.8.1	Ein Beispiel für steigende Aktienkurse	114
5.8.2	Käufe ohne besonderen Anlaß	116
6	**Altersvorsorge durch Immobilien**	118
6.1	Eigennutzung einer Immobilie	118
6.1.1	Die Finanzierung der eigenen vier Wände	119
6.1.2	Das Finanzierungskonzept	119
6.1.3	Eigenheim als Altersvorsorge/Rente?	120
6.2	Kauf eines Mietobjektes	121
6.2.1	Das Finanzierungskonzept	121
6.2.2	Wer sollte ein Mietobjekt kaufen?	122
6.3	Kombinutzung	122
7	**Strategien**	124
7.1	A) Der 25jährige Mann	124
7.2	B) Der 62jährige Mann	125

Vorwort

Die Diskussion bei der Rentenreform 1992 hat es an den Tag gebracht: die Rente ist und bleibt ein Dauerthema. Norbert Blüm, Bundesminister für Arbeit und Sozialordnung, wird nicht müde, die Bundesbürger über den Zustand der Rentenversicherung zu informieren. Dieser Satz ist sein Evangelium und lautet: »Die Renten sind sicher!«

Spötter behaupten, er sage zwar immer die Wahrheit, führe aber in diesem Fall seinen Gedanken nicht zu Ende. Die Fortsetzung müßte nämlich lauten: »... nicht ausreichend!« Und Rechenbeispiele zeigen immer wieder, daß Blüm auch mit den derbsten Karnevalsspäßen nicht über den desolaten Zustand der Rentenversicherung hinwegtäuschen kann.

Für den Bürger ergibt sich nur eines: Er muß sehen, wo er bleibt, und selbst Vorsorge treffen. Aber vielleicht ist das ja auch von der Politik beabsichtigt. Damit Sie auf keinen Fall draufzahlen, sollten Sie einige der in diesem Buch angebotenen Möglichkeiten nutzen. Noch ist es nicht zu spät, und wer rechtzeitig vorsorgt, kann dem Alter beruhigt entgegensehen. Aber auch diejenigen, die schon in allernächster Zeit mit der Auszahlung einer Lebensversicherung oder dergleichen rechnen, finden Ratschläge, wie sie das Geld möglichst gewinnbringend und sicher anlegen können.

Frankfurt, im August 1995 *Jutta M. D. Siebers*

1 Die gesetzliche Rente reicht nicht aus

Historisch gesehen hat die Rentenversicherung eine mehr als 100jährige Tradition. Aber erst die Rentenreform von 1957 brachte eine über die Sicherung der bloßen Existenz hinausgehende Absicherung des Alters. Die Reform im Jahre 1992 wurde erforderlich, weil sich die Zusammensetzung der Bevölkerung gravierend verändert hat und auch weiterhin noch verändern wird.

1.1 Die Probleme der gesetzlichen Altersvorsorge

Hochrechnungen haben ergeben, daß sich die Bevölkerung insgesamt verringert. Gleichzeitig steigt der Anteil der über 60jährigen stark an. Da die Rente nach dem Generationenvertrag aufgebaut ist (die jüngeren, aktiven Arbeitnehmer tragen mit ihren Beiträgen die Renten der älteren), müssen immer weniger Arbeitnehmer immer mehr Rentner finanzieren. Bei den nachfolgenden Grafiken habe ich Zahlen von 1990 verwendet, die sich zudem auch nur auf den alten Teil der Bundesrepublik beziehen. Dennoch kann man sie als relevant ansehen, da einerseits nicht jede Hochrechnung der späteren Entwicklung gerecht wird und andererseits die Zahlen unter Berücksichtigung der neuen Bundesländer eher schlechter geworden sind. Betrachten Sie zunächst einmal die Abbildung 1. Die Grafik zeigt, wie sich die Gesamtbevölkerung von 1990 bis zum Jahre 2030 erheblich verringert. Insgesamt rechnen die Experten mit einer Abnahme der Bevölkerung um mehr als 15 Prozent.

Die Abbildung 2 zeigt die Veränderungen in der Gruppe der 60jährigen (und älter) und in der Gruppe der jungen Menschen bis 20 Jahre. Allgemein wird davon ausgegangen, daß beide Gruppen noch nicht oder nicht mehr zu den sogenannten Erwerbspersonen gehören. Daher habe ich sie auch zusammen dargestellt. Deutlich wird, daß durch die abnehmende Geburtenhäufigkeit die Gruppe der jungen Menschen bis 20 Jahre schrumpft. Die Gruppe der 60jährigen (und älter) nimmt dagegen stark zu. Wurden 1990 noch mehr Junge unter 20 Jahren gezählt, werden im Jahre 2030 mehr als doppelt soviel Ältere den Jüngeren gegenüberstehen.

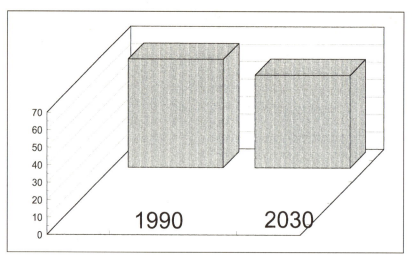

Abbildung 1: Abnahme der Bevölkerung

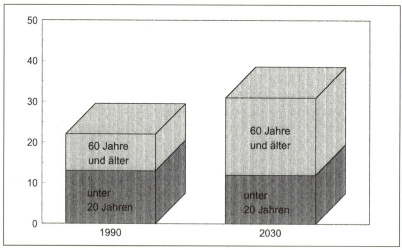

Abbildung 2: Unter 20 bzw. 60 Jahre und älter

Auch zusammen wächst der Anteil der noch nicht oder nicht mehr Tätigen von 1990 bis 2030 um mehr als 12 Prozent.
In der Abbildung 3 ist zu sehen, daß sich die Gruppe der sogenannten Erwerbspersonen ebenfalls stark verringert. Diese Veränderung beträgt in der Zeit von 1990 bis 2030 über 30 Prozent.

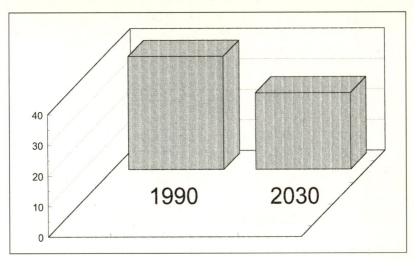

Abbildung 3: Abnahme der Zahl der Erwerbspersonen

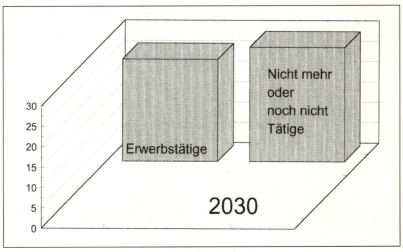

Abbildung 4: Gegenüberstellung der Gruppen

Wie in Abbildung 4 deutlich wird, kann man damit rechnen, daß im Jahre 2030 den aktiven Arbeitnehmern eine etwa gleich große Gruppe von Rentnern und Bürgern unter 20 Jahren gegenübersteht.

Da ein Arbeitnehmer dann nicht für zwei arbeiten kann, muß etwas getan werden. Ob die Reform dazu der richtige Schritt ist oder eher nur eine halbherzige Wendung in die (hoffentlich) richtige Richtung, wird die Zukunft zeigen. Allerdings bleibt fraglich, ob dann noch etwas zu ändern ist. Und die Probleme sind mannigfaltig.

1.1.1 Steigende Lebenserwartung

Europas Menschen werden älter. Diese an und für sich positive Nachricht gilt auch für Deutschland, hat aber einen unangenehmen Nebeneffekt: die Rentenversicherung muß für immer mehr Menschen reichen.

1.1.2 Frühzeitiger Rentenbeginn

Immer früher werden die Altersrenten in Anspruch genommen. Die eigentlich als Normalfall geltende Altersgrenze von 65 Jahren ist in den letzten Jahren in der Bundesrepublik Deutschland immer mehr zur Ausnahme geworden. Das hat natürlich Folgen und schlägt sich dementsprechend in längeren Rentenlaufzeiten (die Rente muß über einen längeren Zeitraum ausbezahlt werden) und einer größeren Anzahl von Rentnern (mehr Anspruchsberechtigte) nieder.

1.1.3 Sinkende Geburtenzahlen

Stark beeinflußt werden die zukünftigen Rentenzahlungen auch von der sinkenden Zahl der Geburten. Dies ist eine Entwicklung, die seit Beginn der 70er Jahre zu beobachten ist. Seither bringt ein Geburtsjahrgang weniger Mädchen zur Welt, als dies zur Erhaltung der Bevölkerungszahl notwendig wäre.

1.1.4 Bevölkerungsstruktur verändert sich

Steigende Lebenserwartung und sinkende Geburtsraten signalisieren eine Veränderung der Bevölkerungsstruktur. Der Anteil älterer Menschen an der Gesamtbevölkerung nimmt stärker zu, während die Anzahl der Kinder und der sogenannten Erwerbspersonen stetig abnimmt.

1.1.5 Belastungsverschiebung

Aus den aufgezeigten Problemen wird klar, daß nur eine Verschiebung der Lasten und eine möglichst gerechte Verteilung zu einer Behebung des Problems »Finanzierung der Renten« beitragen können. Zum einen werden wir mit Sicherheit mit weiter steigenden Beiträgen zur Rentenversicherung rechnen müssen. Zum anderen werden die Rentner nicht mit weiteren Steigerungen rechnen können. Im Text einer vom Bundesministerium für Arbeit und Sozialordnung herausgegebenen Schrift heißt es zwar: »Das Nettorentenniveau wird durch die ergänzte Rentenformel stabilisiert«, tatsächlich aber läuft die Rente der Preissteigerung und den steigenden Ansprüchen hinterher.

Letztendlich aber kommt uns die Rente ja noch viel teurer zu stehen, als dies auf den ersten Blick erscheint. Noch heißt es nämlich großspurig, daß aufgrund der Rentenreform der Anteil des Bundeszuschusses an den Rentenausgaben bis zum Jahre 2010 auf etwa 20 Prozent stabilisiert sei. Tatsächlich aber sind es doch Steuergelder, also Geld aus Ihrer Tasche, das zusätzlich zum Rentenbeitrag noch für die Bezahlung der Rente erforderlich ist. Schlimmer aber wird es nach 2010. Dann rechnet auch die derzeitige Bundesregierung schon mit eklatanten Steigerungen, denn: »In der Zeit danach wird dieser Anteil wegen der Bevölkerungsentwicklung ansteigen.«

Und wer soll das alles finanzieren? Herr Blüm wird dann sicherlich in Rente sein, und wenn man einer Berechnung der *Wirtschaftswoche* (51/93) glauben darf, kann er Monat für Monat über mehr als 12.000 DM verfügen. Und wenn er sein Übergangsgeld von 329.000 DM, das er zusätzlich beim Ausscheiden erhält, in einen 20jährigen Auszahlungsplan eines Rentenfonds investieren würde, könnte er noch über weitere 2.700 DM pro Monat verfügen. Alles in allem sind das beinahe 15.000 DM pro Monat. Worüber sollte sich der »Oberrentner« denn da noch Gedanken machen? Wohl gemerkt: Das sind Zahlen von Ende 1993. Inzwischen sind die Bezüge ja wieder einmal angehoben worden!

Für den Durchschnittsrentner sieht es da eher mau aus. Er muß mit maximal 3.300 DM auskommen, obwohl er 45 Jahre lang Höchstbeiträge zur Rentenversicherung geleistet hat. Schöne neue Welt?

In diesem Zusammenhang ist auch die Abbildung 5 zu sehen. Die Grafik zeigt die Schere zwischen dem »Alterseinkommen« und der tatsächlichen Rente. So heißt es zwar, daß der Durchschnittsrentner etwa 70 Prozent

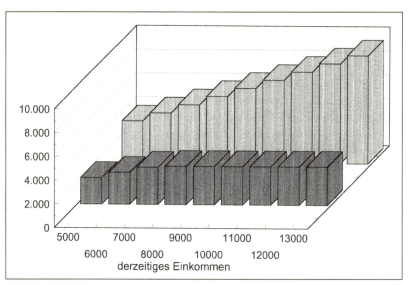

Abbildung 5: Schere zwischen Alterseinkommen und Rente

seines vorherigen Einkommens als Alterseinkommen erhalten wird. Dies dürfte aber nur bei den ohnehin niedrigen Mindestrenten der Fall sein. Wer mehr verdient und auch dementsprechend mehr in die Rentenversicherung einbezahlt hat, schaut in die Röhre. Die Beiträge (dunkle Balken) steigen ab der Beitragsbemessungsgrenze nicht mehr an, das Alterseinkommen (helle Balken im Hintergrund) wächst jedoch mit dem jeweiligen derzeitigen Einkommen.
Ein Beispiel: Wer heute 10.000 DM verdient, rechnet mit 70 Prozent Alterseinkommen, sprich 7.000 DM. Tatsächlich jedoch erhält er gerade mal ca. 3.500 DM aus der gesetzlichen Altersvorsorge. Nun gut, er hat ja auch keine über den Satz der Beitragsbemessungsgrenze hinausgehenden Beiträge geleistet. Ein Grund mehr, für die Differenz gegenüber dem Alterseinkommen (7.000 DM) in Höhe von weiteren 3.500 DM selbst zu sorgen.
So können Sie schon auf einen Blick sehen, ob Ihnen die Rente reicht oder ob Sie etwas unternehmen müssen (zur genaueren Berechnung Ihrer Rente kommen wir noch!).

1.2 Die Probleme der betrieblichen Altersvorsorge

Sozial eingestellte Unternehmen haben schon Mitte/Ende des 19. Jahrhunderts eine betriebliche Altersvorsorge aufgebaut. Die »Betriebsrente« ist eine freiwillige Verpflichtung des Arbeitgebers, den Ruhestand des Arbeitsnehmers mit einer zusätzlichen Leistung zu versüßen. Allerdings ist diese Altersvorsorge beileibe nicht zu einer freiwilligen Pflicht bei allen Unternehmen geworden. Die Kosten sind ja auch nicht zu unterschätzen. Und bei der derzeitigen Wirtschaftssituation sind die Unternehmen mit Betriebsrente eher geneigt, diese zu kürzen bzw. bei Neueinstellungen keine Zusagen mehr zu geben.
Ohnehin ist die Betriebsrente an einige Voraussetzungen geknüpft, und das »Gesetz zur Verbesserung der betrieblichen Altersvorsorge« beinhaltet die folgenden wichtigen Punkte:

➤ **Verfallfristen**
Unwiderruflich wird die Zusage der Betriebsrente erst, wenn Sie
- mindestens 35 Jahre alt sind und
- die Versorgungszusage schon zehn Jahre besteht

oder wenn
- Sie mindestens 35 Jahre alt sind,
- die Versorgungszusage schon mindestens drei Jahre besteht und
- Sie bereits zwölf Jahre in demselben Betrieb tätig sind.

Die Experten sprechen hier von der »Unverfallbarkeit« der Betriebsrente. Falls Sie nach Ablauf dieser Fristen den Betrieb wechseln, bleibt Ihr Anspruch bestehen. Allerdings werden die Leistungen anteilig gekürzt. Falls Sie vor Ablauf der Fristen den Betrieb wechseln, haben Sie allenfalls Anspruch auf Rückzahlung der von Ihnen eventuell einbezahlten Beiträge (falls Sie welche bezahlt haben). Auf die Beiträge des Arbeitgebers haben Sie keinen Anspruch.
Diese Fristen sind sogenannte Maximalfristen. Der Arbeitgeber kann sie gern verkürzen, aber keinesfalls verlängern. Er könnte beispielsweise seine Zusage einer Betriebsrente an eine Frist von fünf Jahren knüpfen.

➤ **Flexible Altersgrenze**
Sie können, wenn Sie die Voraussetzungen der Unverfallbarkeit (siehe oben) erfüllen, die vorzeitige Zahlung der Betriebsrente verlangen, wenn

Sie die Vorruhestandsregelung der gesetzlichen Altersversicherung in Anspruch nehmen. Die Zahlungen beginnen jedoch erst mit Beginn des Vorruhestandes. Wermutstropfen: Bei den Zahlungen, die Sie aus der Betriebsrente erhalten, müssen Sie Abschläge in Kauf nehmen, die höher oder niedriger sein können, als dies bei der gesetzlichen Altersversorgung der Fall ist.

➤ *Insolvenzversicherung*
Da niemand weiß, ob Ihr alter Arbeitgeber noch existiert, wenn Sie ins Rentenalter kommen, übernimmt der Pensions-Sicherungs-Verein die Garantie der Auszahlung der vom Arbeitgeber versprochenen Betriebsrenten.

➤ *Anpassungspflicht*
Da sich im Laufe der Zeit die wirtschaftliche Situation bei Arbeitgeber und Arbeitnehmer verändert, muß der Arbeitgeber alle drei Jahre entscheiden, wie die laufenden Betriebsrenten angepaßt werden sollen. Dabei darf er natürlich auch die wirtschaftliche Lage des Unternehmens berücksichtigen.

1.2.1 Die unmittelbare Versorgungszusage

In großen Unternehmen ist die direkte Zusage von Leistungen häufiger anzutreffen als andere Formen der Betriebsrente. Meist wird eine Festrente (fester Betrag) oder ein bestimmter Prozentsatz des letzten Einkommens als Betriebsrente zugesagt. Der Prozentsatz richtet sich nach der Dauer der Betriebszugehörigkeit. Mitunter wird der Anspruch auf die gesetzliche Altersrente bei der Berechnung der Betriebsrente berücksichtigt.
Um diese Zusagen auch abdecken zu können, bilden die Unternehmen Rückstellungen, die den Bilanzgewinn schmälern. Unter Umständen wird dadurch die Ausschüttung an die Aktionäre der Gesellschaft verringert.

1.2.2 Die Pensionskasse

Bei der Pensionskasse wird meist die Rechtsform eines Versicherungsvereins auf Gegenseitigkeit gewählt. Daher unterliegt die Pensionskasse auch der Aufsicht durch das Bundesaufsichtsamt für das Versicherungswesen in

Berlin. Neben den Firmen-Pensionskassen gibt es auch Pensionskassen überbetrieblicher Verbände. Diese Pensionskassen haben den Vorteil, daß Sie den Arbeitgeber wechseln und die Fristen für die Unverfallbarkeit bei mehreren Arbeitgebern erfüllen können. Eine der Voraussetzungen dafür ist, daß die Arbeitgeber der gleichen Verbands-Pensionskasse angehören.

Auf die Leistungen der Pensionskasse haben Sie einen Rechtsanspruch, weil Sie als Arbeitnehmer Mitglied der Pensionskasse und zu Beitragszahlungen verpflichtet sind. Die Beiträge sind meist von der Höhe des Einkommens abhängig, betragen im Durchschnitt ein bis zwei Prozent des Monatsverdienstes, werden vom Arbeitgeber einbehalten und direkt der Pensionskasse überwiesen.

1.2.3 Die Unterstützungskasse

Bei der Unterstützungskasse handelt es sich meist um die Rechtsform einer GmbH oder eines eingetragenen Vereins. Als Arbeitnehmer zahlen Sie keine Beiträge in die Unterstützungskasse ein. Daher haben Sie auch keinen Rechtsanspruch auf die Leistungen der Kasse. Mit anderen Worten: Selbst als Versorgungsberechtigter können Sie keinesfalls fest mit den Leistungen rechnen. Eine Verschlechterung der Versorgungsrichtlinien oder auch nur die Veränderung der Versorgungsordnung kann für Sie mit Nachteilen verbunden sein.

Wenn jedoch gezahlt wird, dann sind dies meist 10 bis 20 Prozent der gesetzlichen Altersrente. Bei der Gestaltung der Betriebsrenten haben die Arbeitgeber natürlich große Wahlmöglichkeiten. So ist denkbar, daß die Betriebsrenten für höhere Angestellte oder Besserverdienende überproportional höher liegen als beim Durchschnitt der übrigen Mitarbeiter.

1.2.4 Die Direktversicherung durch Gehaltsumwandlung

Eine besondere Form der Lebensversicherung ist die sogenannte Direktversicherung. Diese Versicherung kann neben der Altersversorgung auch Invalidität und die Hinterbliebenenversicherung umfassen. Wenn eine Direktversicherung als Betriebsrente vereinbart wird, werden die Beiträge unmittelbar vom Gehalt einbehalten und vom Arbeitgeber an das Versi-

cherungsunternehmen überwiesen. Übersteigt der jährlich überwiesene Betrag nicht die Höhe von 3.000 DM, dann wird der Betrag nur mit einer Pauschale von 15 Prozent besteuert anstatt der meist viel höher liegenden Besteuerung nach dem persönlichen Steuersatz.
Diese für die Firmen mit keinerlei Risiko verbundene betriebliche Altersvorsorge wird überwiegend von kleineren und mittleren Unternehmen bevorzugt. Und falls der Arbeitnehmer vorzeitig in den Vorruhestand treten will, ermöglichen die Verträge mit den Lebensversicherern eine vorzeitige Kündigung unter Anrechnung der Überschußbeteiligung.

Tip: Falls Ihr Arbeitgeber noch keine Altersvorsorge mit einer Direktlebensversicherung anbietet, bitten Sie ihn, einen Teil Ihres Einkommens nicht auszuzahlen, sondern in eine Direktlebensversicherung umzuwandeln. Auf diese Weise machen Sie mehr aus Ihrem Urlaubs- oder Weihnachtsgeld, da es (sofern es 3.000 DM pro Jahr nicht übersteigt) nur mit einer Pauschale von 15 Prozent versteuert wird.

➤ *Fazit*
Trotz aller Wenn und Aber können mehr als die Hälfte aller Arbeitnehmer auch nach dem Ausscheiden aus dem aktiven Arbeitsleben mit regelmäßigen Zahlungen von ihren ehemaligen Arbeitgebern rechnen. Allerdings verliert die betriebliche Altersvorsorge als wichtige zweite Säule der Altersvorsorge ständig an Gewicht, da die Unternehmen die Zusagen stark verkürzen oder auf Neuzusagen völlig verzichten. Auch die betriebliche Altersvorsorge muß schließlich bezahlbar bleiben, argumentieren sie.
Falls Sie aber in den Genuß einer Betriebsrente gelangen und eine Einmalzahlung geleistet wird, können Sie das Kapital auch selbst »verrenten«. Legen Sie z.B. einen Betrag von 100.000 DM bei einer Bank an und erhalten Sie dafür eine Verzinsung von etwa sechs Prozent pro Jahr, dann macht das glatte 6.000 DM im Jahr. Umgerechnet wird damit Ihre Rente um 500 DM pro Monat aufgestockt.

2 Die Versorgungslücke schließen

Bevor wir die Versorgungslücke ermitteln können, müssen wir zunächst feststellen, wer denn versichert ist. Das neue Rentenrecht beinhaltet einen recht umfangreichen Katalog.

2.1 Wer ist versichert?

Grundsätzlich kann man sagen, daß bis auf wenige Ausnahmen alle Arbeiter und Angestellten in der gesetzlichen Pflichtversicherung versichert sind. Zu diesem Personenkreis gehören auch Auszubildende, Wehr- und Zivildienstleistende und Behinderte in anerkannten Werkstätten. Die Beitragsbemessungsgrenze liegt derzeit (1995) bei 7.800 DM (West) und 6.400 DM (Ost) pro Monat. Im Gegensatz zur Krankenversicherung stellt diese Grenze keinesfalls eine Versicherungspflichtgrenze dar. Auch wer mehr verdient, bleibt rentenversicherungspflichtig. Sollten Sie vor Jahren schon von der Versicherungspflicht befreit worden sein, so bleibt diese Befreiung auch bestehen.
Auch wer durch besondere Ereignisse vorübergehend nicht arbeitet und deshalb auch keine Beiträge leisten kann, wird nach dem neuen Rentenrecht besser gestellt. So sind Frauen, die ihre seit dem 1.1.1992 geborenen Kinder erziehen, grundsätzlich drei Jahre nach der Geburt des Kindes ohne Beiträge pflichtversichert. Wer die sogenannten »Lohnersatzleistungen« erhält (das sind Arbeitslosengeld, Arbeitslosenhilfe, Krankengeld, Verletzten- und Übergangsgeld, Unterhaltsgeld, Altersübergangsgeld und Vorruhestandsgeld), ist während des Bezugs dieser Leistungen versicherungspflichtig. Voraussetzung ist hier, daß der Bezieher auch im letzten Jahr vor dem Beginn des Bezugs pflichtversichert war. Der Vorteil liegt auf der Hand: Sie erhalten damit Beitragszeiten mit festen Werten. Die Versicherung erfolgt durch die einzelnen Sozialleistungsträger.
Für einen Handwerker endete die Versicherungspflicht bisher automatisch nach 18 Jahren. Dies hat sich geändert. Heute muß der Betreffende einen entsprechenden Antrag stellen. Wir ahnen, welcher Hintergedanke unserer Regierung dabei durch den Kopf gegangen ist! Man will wohl auf die

zahlreichen Beitragszahler nicht verzichten. Offiziell heißt es natürlich, daß der Handwerker sein Alterssicherungskonzept neu überdenken soll und sich dann gezielt entscheiden kann. In die gleiche Richtung gehen die Änderungen bei den sonstigen Selbständigen. War es ihnen bisher möglich, sich innerhalb von zwei Jahren für eine Pflichtversicherung zu entscheiden, haben sie nunmehr fünf Jahre Zeit, diese Entscheidung zu fällen.

Auf weitere Details und besondere Berufsgruppen soll hier nicht eingegangen werden. Für spezielle Belange sollten Sie besser den Rentenberater konsultieren, der dann auf die persönliche Situation bezogen beraten kann.

2.2 Welche Renten gibt es?

Die gesetzliche Rentenversicherung kennt drei Anlässe, aufgrund deren eine Rente gezahlt wird:
- *Rente wegen Alters,*
- *Rente wegen verminderter Erwerbsfähigkeit und*
- *Rente wegen Todesfall.*

Natürlich sind auch hier, wie bei jeder Versicherung, die Ansprüche an die Rentenversicherung davon abhängig, ob Beiträge einbezahlt worden sind und andere Voraussetzungen erfüllt werden.

2.2.1 Die Regelaltersrente

Diesen Anspruch kann nur der Versicherte selbst haben. Im Falle der Regelaltersrente sind folgende Faktoren wichtig:

➤ *Vollendung des 65. Lebensjahres,*
➤ *Wartezeit erfüllt.*
- Die allgemeine Wartezeit beträgt fünf Jahre, erfüllbar mit Beitragszeiten, Ersatzzeiten und Zeiten aus durchgeführtem Versorgungsausgleich.

➤ *Zusätzliches Einkommen unbeschränkt möglich.*
- Neben der Regelaltersrente darf unbeschränkt hinzuverdient werden.

2.2.2 Die Altersrente langjährig Versicherter

Bei dieser Altersrente sind folgende Faktoren wichtig:

- ➤ **Vollendung des 63. Lebensjahres,**
- ➤ **Wartezeit erfüllt.**
- • Hier beträgt die Wartezeit 35 Jahre. Auf diese Wartezeit werden alle rentenrechtlich relevanten Zeiten angerechnet.
- ➤ **Zusätzliches Einkommen beschränkt möglich.**
- • Bei dieser Altersrente darf nur in begrenztem Umfang hinzuverdient werden.
- ➤ **Die Altersgrenze wird von 2001 an stufenweise auf das 65. Lebensjahr angehoben.**

2.2.3 Altersrente für Frauen

Bei der Altersrente für Frauen müssen folgende Voraussetzungen erfüllt werden:

- ➤ **Vollendung des 60. Lebensjahres,**
- ➤ **mehr als zehn Jahre Pflichtbeitragszeiten,**
- • für die Zeit nach Vollendung des 40. Lebensjahres können mehr als zehn Jahre Pflichtbeitragszeiten vorgezeigt werden,
- ➤ **Wartezeit erfüllt.**
- • Die Wartezeit beträgt 15 Jahre. Es werden Beitragszeiten, Ersatzzeiten etc. wie bei der allgemeinen Wartezeit angerechnet.
- ➤ **Zusätzliches Einkommen beschränkt möglich.**
- • Bei dieser Altersrente darf nur in begrenztem Umfang hinzuverdient werden.
- ➤ **Die Altersgrenze wird von 2001 an stufenweise auf das 65. Lebensjahr angehoben.**

Renten wegen Berufsunfähigkeit oder wegen Todesfall werden hier bewußt nicht besprochen. Gegen diese Wechselfälle des Lebens sind die meisten Menschen ohnehin versichert. Dennoch sollten Sie überprüfen, ob die Versicherungssummen noch den heutigen Gegebenheiten genügen.

2.3 Die neue Rentenformel

Sie berücksichtigt die Höhe der Beiträge des Versicherungslebens. Die Beiträge wiederum beziehen sich auf die Höhe des Arbeitsentgeltes/-einkommens. Die Arbeitsentgelte der einzelnen Jahre werden in Entgeltpunkte umgewandelt. Hier spielt auch das Durchschnittseinkommen des Jahres eine Rolle. Arbeitsentgelte in Höhe des Durchschnittseinkommens entsprechen einem Entgeltpunkt. Wer unter dem Durchschnitt liegt, erhält weniger, wer über dem Durchschnitt liegt, erhält mehr als einen Punkt.

In beitragsfreien Zeiten werden Ihnen Entgeltpunkte gutgeschrieben, die sich an der Höhe des in der übrigen Zeit erzielten Arbeitseinkommens orientieren.

Damit die Entgelte richtig berechnet werden, hat der Bundesminister für Arbeit und Sozialordnung eine Tabelle mit den durchschnittlichen Entgelten seit 1891 berechnen lassen. Sie finden diese Durchschnittswerte in den Abbildungen 6 und 7. Damit Sie jedoch Ihre persönlichen Entgeltpunkte berechnen können, benötigen Sie die Beitragsbemessungsgrenze der einzelnen Jahre. Diese sind in den Abbildungen 8 und 9 aufgeführt.

2.3.1 Und so berechnen Sie Ihre Punkte!

Nehmen wir an, Sie haben im Jahre 1990 genau 33.556,80 DM verdient. Laut Tabelle liegen Sie damit unter dem Durchschnitt. Um Ihre Punkte für dieses Jahr zu berechnen, teilen Sie Ihr Einkommen (33.556,80 DM) durch das Durchschnittsentgelt von 1990 (41.946,- DM), dann erhalten Sie den Wert 0,8. Diese 0,8 entsprechen 0,8 Entgeltpunkten. Im Jahre 1991 haben Sie den Arbeitgeber gewechselt und erhalten ein erheblich besseres Einkommen. Sie verdienen im Jahre 1991 genau 53.305,20 DM. Wenn Sie wie zuvor Ihr Einkommen durch das Durchschnittsentgelt teilen, ergibt sich ein Wert von 1,2. Dieser Wert entspricht 1,2 Entgeltpunkten.

Ihr Chef hat im gleichen Jahr 90.000 DM verdient. Da jedoch die Beitragsbemessungsgrenze bei 78.000 DM lag und er auch nur für 78.000 DM einen entsprechenden Beitrag an die Rentenversicherung gezahlt hat, kann er auch nur diesen Betrag bei der Berechnung seiner Punkte verwenden. Wenn Sie diesmal also den Betrag der Beitragsbemessungsgrenze durch das Durchschnittsentgelt teilen, ergeben sich aufgerundet 1,76 Entgeltpunkte.

Durchschnittsentgelt in DM/RM

Jahr	Durchschnittsentgelt	Jahr	Durchschnittsentgelt
1891	700	1920	3729
92	700	21	9974
93	709	24	1233
94	714	25	1469
95	714	26	1642
96	728	27	1742
97	741	28	1983
98	755	29	2110
99	773		
		1930	2074
1900	796	31	1924
01	814	32	1651
02	841	33	1583
03	855	34	1605
04	887	35	1692
05	910	36	1783
06	946	37	1856
07	987	38	1947
08	1019	39	2092
09	1046		
		1940	2156
1910	1078	41	2297
11	1119	42	2310
12	1164	43	2324
13	1182	44	2292
14	1219	45	1778
15	1178	46	1778
16	1233	47	1833
17	1446	48	2219
18	1706	49	2838
19	2010		

Durchschnittsentgelt von 1891 bis 1949
Abbildung 6: (Quelle: Bundesministerium für Arbeit und Sozialordnung)

Durchschnittsentgelt in DM/RM

Jahr	Durchschnittsentgelt	Jahr	Durchschnittsentgelt
1950	3161	1980	29485
51	3579	81	30900
52	3852	82	32198
53	4061	83	33293
54	4234	84	34292
55	4548	85	35286
56	4844	86	36627
57	5043	87	37726
58	5330	88	38896
59	5602	89	40063
1960	6101	1990	41946
61	6723	91	44421
62	7328	92	46820
63	7775	93	48178
64	8467	94	51877 *
65	9229	95	50972 *
66	9893		
67	10219	* vorläufiges Durchschnittsentgelt	
68	10842		
69	11839		
1970	13343		
71	14931		
72	16335		
73	18295		
74	20381		
75	21808		
76	23335		
77	24945		
78	26242		
79	27685		

Durchschnittsentgelt von 1950 bis 1995
Abbildung 7: (Quelle: Bundesministerium für Arbeit und Sozialordnung)

Jahr	Durch-schnitts-entgelt	Beitrags-bemessungs-grenze	Ihr Einkommen	Ihre Punkt-zahl
1950	3161	7200		
1951	3579	7200		
1952	3852	9000		
1953	4061	9000		
1954	4234	9000		
1955	4548	9000		
1956	4844	9000		
1957	5043	9000		
1958	5330	9000		
1959	5602	9600		
1960	6101	10200		
1961	6723	10800		
1962	7328	11400		
1963	7775	12000		
1964	8467	13200		
1965	9229	14400		
1966	9893	15600		
1967	10219	16800		
1968	10842	19200		

Checkliste für Ihre Renten-Punktezahl 1950–1968
Abbildung 8: (Quelle: Bundesministerium für Arbeit und Sozialordnung)

Nun brauchen Sie nur noch Ihre eigenen Zahlen entsprechend den Jahren einzusetzen und können eine erste Berechnung Ihrer Entgeltpunkte durchführen. Mit den Punkten haben Sie aber noch kein Geld in der Tasche. Dazu fehlt Ihnen noch der aktuelle Rentenwert. Dieser wird in jedem Jahr zum 1. Juli an die Entwicklung der Löhne und Gehälter angepaßt und lag nach Berechnungen im ersten Halbjahr 1995 bei 46,00 DM (West) und 35,45 DM (Ost).

Nehmen wir an, Sie haben insgesamt 47 Entgeltpunkte gesammelt, dann würden Ihnen monatlich 2.162,- DM (West) oder 1.666,15 DM (Ost) ausbezahlt.

Die Tabellen mit den Durchschnittsentgelten sind für die Bürger der neuen Bundesländer nicht verwendbar. Dafür wurden besondere Umrech-

Jahr	Durch-schnitts-entgelt	Beitrags-bemessungs-grenze	Ihr Einkommen	Ihre Punkt-zahl
1969	11839	20400		
1970	13343	21600		
1971	14931	22800		
1972	16335	25200		
1973	18295	27600		
1974	20381	30000		
1975	21808	33600		
1976	23335	37200		
1977	24945	40800		
1978	26242	44400		
1979	27685	48000		
1980	29485	50400		
1981	30900	52800		
1982	32198	56400		
1983	33293	60000		
1984	34292	62400		
1985	35286	64800		
1986	36627	67200		
1987	37726	68400		
1988	38896	72000		
1989	40064	73200		
1990	41946	75600		
1991	44421	78000		
1992	46820	81600		
1993	48178	86400		
1994	51877*	91200		
1995	50972*	93600		

* vorläufiges Durchschnittsentgelt

Checkliste für Ihre Renten-Punktezahl 1969–1995
Abbildung 9: (Quelle: Bundesministerium für Arbeit und Sozialordnung)

nungstabellen entwickelt (siehe Abbildung 10). Mit den in dieser Tabelle angegebenen Umrechnungswerten müssen Sie Ihren »alten« Lohn in DDR-Mark multiplizieren und erhalten dann den »vergleichbaren« Lohn. Diesen können Sie dann in der Tabelle mit der Beitragsbemessungsgrenze und dem Durchschnittsentgelt als Ihr Einkommen berücksichtigen.

Werte zur Umrechnung der Beitragsbemessungsgrundlagen in den neuen Bundesländern

Jahr	Umrechnungswert	Jahr	Umrechnungswert
1945	1,0000	1972	2,1705
1946	1,0000	1973	2,3637
1947	1,0000	1974	2,5451
1948	1,0000	1975	2,6272
1949	1,0000	1976	2,7344
1950	0,9931	1977	2,8343
1951	1,0502	1978	2,8923
1952	1,0617	1979	2,9734
1953	1,0458	1980	3,1208
1954	1,0185	1981	3,1634
1955	1,0656	1982	3,2147
1956	1,1029	1983	3,2627
1957	1,1081	1984	3,2885
1958	1,0992	1985	3,3129
1959	1,0838	1986	3,2968
1960	1,1451	1987	3,2548
1961	1,2374	1988	3,2381
1962	1,3156	1989	3,2330
1963	1,3667	1. Halbjahr 1990	3,0707
1964	1,4568	2. Halbjahr 1990	2,3473
1965	1,5462	1991	1,7235
1966	1,6018	1992	1,4393
1967	1,5927	1993	1,3197
1968	1,6405	1994 *	1,2913
1969	1,7321	1995 *	1,2302
1970	1,8875	* vorläufige Werte	
1971	2,0490		

Umrechnungstabelle für die neuen Bundesländer
Abbildung 10: (Quelle: Bundesministerium für Arbeit und Sozialordnung)

2.3.2 Hinweis für Jüngere

Sollten Sie noch nicht zu denen gehören, die bereits kurz vor ihrer Rente stehen, dann nutzen Ihnen die bisher angesammelten Entgeltpunkte recht wenig. Damit Sie aber eine grobe Berechnung durchführen können, nehmen Sie die Entgeltpunktzahl des letzten Jahres (zum Beispiel 0,9) und multiplizieren sie mit der Anzahl der noch fehlenden Jahre bis zum Rentenalter 65 (beispielsweise 35 Jahre). Damit erhalten Sie die noch fehlenden Entgeltpunkte für die in der Zukunft liegenden Beitragsjahre, zum Beispiel 31,5 Entgeltpunkte. Zusammen mit den bereits errechneten Punkten aus der zurückliegenden Zeit ergeben sich dann Ihre Entgeltpunkte, die Sie nur noch mit dem Rentenwert multiplizieren müssen. Dann haben Sie eine ungefähre Vorstellung davon, mit welcher Rente Sie im Alter von 65 Jahren rechnen können.

Hinweis: Für die Zeit des Schul- oder Hochschulbesuches werden Ihnen maximal sieben (7) Jahre gutgeschrieben. Für jedes Jahr erhalten Sie 0,75 Entgeltpunkte. Auch für Berufsanfänger gibt es ein Bonbon: Da am Anfang meist sehr wenig Geld verdient wird, kann Ihre Engeltpunktzahl für maximal vier (4) Jahre auf 0,9 Entgeltpunkte erhöht werden.

2.4 So errechnen Sie Ihre Versorgungslücke

Wer »in Rente« geht, will deshalb nicht gleich schlechter leben. Deshalb werden etwa 70 bis 75 Prozent des letzten Bruttoeinkommens als vertretbares Alterseinkommen angesehen. Schließlich entfallen die Beiträge zur Sozialversicherung, und die Steuerbelastung ist erheblich niedriger. Nur die Krankenversicherung bleibt Ihnen erhalten. Damit ist klar, daß die gesetzliche Rentenversicherung nur einen Grundbeitrag zur Altersvorsorge leistet. Sie müssen im Normalfall davon ausgehen, daß Ihnen bei 40 Versicherungsjahren nur 40 bis 45 Prozent Ihres letzten Einkommens als Rente ausgezahlt werden. So entsteht eine Lücke zwischen den angestrebten 70 bis 75 Prozent und den tatsächlichen Leistungen der Rentenversicherung. Noch ärger aber trifft es die sogenannten »Besserverdienenden«. Wenn deren Einkommen über der Beitragsbemessungsgrenze liegt, können sie sogar nur mit 20 Prozent des letzten Einkommens oder weniger rechnen! Nehmen Sie nun Ihren letzten Monatsverdienst, und errechnen Sie davon

70 Prozent (Einkommen x 0,70). Das Ergebnis stellt Ihr gewünschtes Alterseinkommen dar. Errechnen Sie nun die Differenz zwischen diesem gewünschten Alterseinkommen und Ihrer voraussichtlichen Altersrente bei Beginn mit 65 Jahren (Anzahl der Entgeltpunkte x Rentenwert). Die sich ergebende Summe wird Ihnen gegenüber dem bisherigen Einkommen fehlen und muß durch eine entsprechende Zahlung aus anderer Quelle ersetzt werden.

Falls beide Partner rentenversichert sind, wird der Fehlbetrag geringer. Bitte beide Renten bei Ihrer Berechnung berücksichtigen.

Gehen Sie nach dem Jahre 2001 in Rente und wollen Sie vielleicht schon mit 62 Jahren in den wohlverdienten »Unruhestand« treten, müssen Sie sich einen Abzug von 0,3 Prozent pro Monat gefallen lassen. Ihre Rente wird daher zum Beispiel nicht 3.175,- DM betragen, sondern nur (3.175 x 0,892) 2.832,10 DM. Pro Monat 0,3 Prozent ergeben einen Abzug von 10,80 Prozent bei drei Jahren (36 Monaten).

Nachdem Sie nun berechnen können, wie groß oder wie klein Ihre Versorgungslücke werden oder sein wird, wenden wir uns dem Schließen dieser Lücke zu.

2.5 Und so schließen Sie die Lücke

Zuerst sollten Sie feststellen, ob Sie Anspruch auf eine Betriebsrente haben. Wenn ja, dann stellen Sie bitte fest, mit welcher Höhe Sie rechnen können und wie sicher die Zahlungen letztendlich sind. Die sich ergebenden Zahlungen (es kann auch eine Einmalzahlung sein, die Sie zinsgünstig bei Ihrer Bank anlegen) reduzieren Ihre Lücke vielleicht schon erheblich. Als nächstes schauen Sie einmal in Ihre kurzfristige Finanzplanung oder schlagen einfach in Ihrem Haushaltsbuch oder einer vergleichbaren Kalkulationshilfe nach. Überschlagen Sie, wieviel Prozent Ihres Einkommens von Miete (Kaltmiete) oder Hypothek verschlungen werden. Wenn absehbar ist, daß Sie schon vor Eintritt Ihrer Rente im schuldenfreien Eigenheim oder einer ebensolchen Eigentumswohnung leben werden, dann können Sie einen weiteren Teil der Lücke bereits mit ersparten Ausgaben decken. Wem das alles zu unsicher ist – und wir leben in unsicheren Zeiten –, der sollte lieber richtige Vorsorge betreiben und sich in den nächsten Kapiteln nach der besten Strategie umschauen.

3 Altersvorsorge durch Lebensversicherungen

Die Kapitallebensversicherung ist immer noch der Bestseller unter den Geldanlagen. Dabei ist die klassische Form dieser Versicherung nichts weiter als eine Kombination zwischen einer Versicherung im Todesfall und einer Kapitalanlage im Erlebensfall. Dieser Zwitter aus Versicherung und Sparvertrag ist bei den Deutschen sehr beliebt, nicht zuletzt auch, da die Überschußbeteiligung bei Verträgen mit mindestens zwölf Jahren Laufzeit Steuerfreiheit genießt.
Selbst Skandale um Prunkbauten, horrende Gehälter der Führungsetagen und Millionendefizite aus Spekulationen mit den sogenannten Derivaten konnten daran bisher kaum etwas ändern.

3.1 Lebensversicherung und Altersvorsorge

Wenn Sie eine Lebensversicherung als Altersvorsorge und nicht zur Risikoabdeckung abschließen wollen, sollten Sie Maßstäbe wie bei einer Kapitalanlage anlegen.

3.1.1 Sicherheit

Da die deutschen Lebensversicherungen vom Bundesaufsichtsamt für das Versicherungswesen überwacht werden, kann die Sicherheit einer Anlage in Kapitallebensversicherungen mit mindestens »gut« bewertet werden. Die Mindestauszahlung der Versicherungssumme bei Vertragsablauf oder Todesfall wird garantiert. Eine Pleite von Versicherungsunternehmen gab es bisher noch nicht.

3.1.2 Rendite

Je nach Leistungsfähigkeit der jeweilgen Gesellschaften ergeben sich hier starke Unterschiede. Die Renditen liegen zwischen vier und acht Prozent. Oft schneiden die Direktversicherer mit durchschnittlich 6,5 Prozent auf

Dauer am besten ab. In jedem Fall aber ist die Rendite als eher mittelmäßig anzusehen.

3.1.3 Steuern

Der größte Pluspunkt der Lebensversicherung gegenüber einer anderen Kapitalanlage ist die Steuerfreiheit der Überschußbeteiligung nach mindestens zwölf Jahren Vertragsdauer. Hinzu kommt eventuell noch die Abzugsfähigkeit der Versicherungsbeiträge bei Unternehmern und Beamten. Bei Arbeitern und Angestellten kann es noch zu einer Steuerersparnis kommen, wenn sie eine Gehaltsumwandlung im Wege der Direktversicherung durchführen (bis maximal 3.000 DM jährlich). Im Gegensatz zu den üblichen Geldanlagen schneidet die Lebensversicherung hier mit »sehr gut« ab.

3.1.4 Liquidität

Der schlechteste Punkt zum Schluß: Da eine Auszahlung vor Vertragsende in der Regel zu Verlusten führt, muß die Liquidität, also die Verfügbarkeit oder Beweglichkeit einer Anlage, mit »ungenügend« bewertet werden. Allerdings, wenn Sie Geld brauchen, sind Ihre Policen in bestimmtem Rahmen beleihbar.

3.1.5 Die »beste« Lebensversicherung

Da sich ein Erfolg nur selten für Dauer erreichen läßt, hat es wenig Sinn, Ihnen den derzeitigen Spitzenreiter der Versicherungs-»Hitliste« vorzustellen. Zu schnell wird aus einem ersten Platz das Schlußlicht. Aber Abhilfe ist schon da: die Zeitschriften *Capital*, *DM*, *Wirtschaftswoche* oder *Finanztest* bieten Ihnen in regelmäßigem Abstand den notwendigen Überblick.

Mit den folgenden fünf Schritten verbessern Sie Ihre Wahl:

➤ ***Der leistungsfähigste Versicherer:***
- Renditevergleich durch Tabelle,

- *Renditevergleich durch Musterfall.*
➤ *Höhere Rendite durch geringeren Risikoanteil:*
- *Einsatz von jüngeren und/oder weiblichen Versicherten,*
- *private Rentenversicherung ohne Risikoanteil,*
- *geringe Todesfallsummen.*
➤ *Höhere Rendite durch Beitragsrabatte:*
- *Jahresrabatt bei im voraus entrichtetem Jahresbeitrag,*
- *Summenrabatt bei höheren Versicherungssummen,*
- *Gemeinschaftsrabatt durch Gruppen- oder Sammelversicherung (Berufsverbände, Vereine, Firmen).*
➤ *Höhere Ausschüttung oder Steuerersparnis:*
- *steuerfreie Überschußbeteiligung (bei Vertragsdauer von mindestens zwölf Jahren),*
- *steuerlich abzugsfähige Vorsorgeaufwendungen (Unternehmer und Beamte),*
- *geringe Pauschalbesteuerung bei Direktversicherung (bis 3.000 DM jährlich).*
➤ *Der richtige Versicherungstyp:*
- *Risikolebensversicherung (Vorsorge für den Todesfall),*
- *private Rentenversicherung (Altersvorsorge ohne Risikoanteil),*
- *Direktversicherung,*
- *Kapitallebensversicherung (Standard).*

3.1.6 So berechnen Sie die Rendite

Obwohl die Renditen sich bei vielen Versicherern schon sehen lassen können, bleibt den meisten Versicherten die Berechnung der Rendite auch weiterhin ein Rätsel. Der »Geldanlage-Berater« aus dem Rentrop Verlag, Bonn, hat das Geheimnis offensichtlich gelüftet. In der Ausgabe K22 geht der Autor Werner Siepe mit einem Beispiel darauf ein:

»So ermitteln Sie Ihre Rendite

Ein Beispiel hierzu: Sie wollen bei der HUK Coburg eine Kapital-Lebensversicherung abschließen (Eintrittsalter 35 Jahre, Versicherungsdauer 1.1.1991–31.12.2015, Versicherungssumme 100.000 DM, männlicher Versicherter). Der jährliche Versicherungsbeitrag beläuft sich auf 2.995 DM, der gesamte Beitragsaufwand somit auf 74.875 DM

(= 2.995 DM x 25 Jahre). Bei einer geschätzten Ablaufleistung von 209.835 DM ergibt sich folgender Vergleichsfaktor (von der Stiftung Warentest auch als ›Finanztest-Faktor‹ bezeichnet):

Vergleichsfaktor = 209.835 : 74.875 = 2,80

Dies entspricht nach folgender Tabelle einer Rendite von 7,2 %.

$$\text{Vergleichsfaktor} = \frac{\text{Ablaufleistung}}{\text{Beitragsaufwand}}$$

(bei einer Laufzeit von 25 Jahren)

Faktor	Rendite	Faktor	Rendite
3,00	7,7%	2,43	6,3%
2,96	7,6%	2,40	6,2%
2,92	7,5%	2,36	6,1%
2,88	7,4%	2,33	6,0%
2,83	7,3%	2,29	5,9%
2,79	7,2%	2,26	5,8%
2,75	7,1%	2,22	5,7%
2,71	7,0%	2,19	5,6%
2,67	6,9%	2,16	5,5%
2,63	6,8%	2,13	5,4%
2,59	6,7%	2,10	5,3%
2,55	6,6%	2,06	5,2%
2,51	6,5%	2,03	5,1%
2,47	6,4%	2,00	5,0%

›Geldanlage-Berater‹-Formel für Renditefüchse

Wenn Sie Ihre Anleger-Rendite in Ihrem konkreten Fall selbst ausrechnen möchten, können Sie sich mit der folgenden Formel herantasten:

$$A = \left[(1+\frac{r}{100})^n - 1\right] \times \frac{100}{r} \times m \times 12 \times (1 + \frac{6{,}5r}{1200}) \quad \textbf{Renditeformel}$$

Dabei bedeuten:
A = Ablaufleistung in DM (zu entnehmen der Beispielrechnung des Versicherers)

r = Rendite in %
n = Laufzeit der Versicherung in Jahren
m = monatlicher Versicherungsbeitrag in DM

Dazu mein eigenes Beispiel (siehe Cosmos-Beispielrechnung):
A = 68.725 DM Ablaufleistung
n = 12 Jahre
m = 311,40 DM

Bei einer angenommenen Rendite von r = 6% würde sich folgende Ablaufleistung ergeben:

$$A = (1{,}06^{12} - 1) \times \frac{100}{6} \times 311{,}40 \times 12 \times 1{,}0325 = \mathbf{65.088\ DM}$$

Die geschätzte Ablaufleistung liegt laut Cosmos aber höher, also muß eine höhere Rendite angenommen werden, zum Beispiel r = 7%. Dann sieht die Rechnung wie folgt aus:

$$A = (1{,}07^{12} - 1) \times \frac{100}{7} \times 311{,}40 \times 12 \times 1{,}0379 = \mathbf{69.380\ DM}$$

Da die prognostizierte Ablaufleistung mit 68.725 DM nur um 655 DM unter der bei 7% Rendite errechneten Ablaufleistung liegt, muß die prognostizierte Rendite weniger als 7% betragen. In vorliegendem Fall ergibt sich eine Rendite von 6,9%.
Damit hat der ›Geldanlage-Berater‹ endlich das Geheimnis der Renditeberechnung bei Kapital-Lebensversicherungen gelüftet. Ein leistungsfähiger Taschenrechner oder eine entsprechende Computer-Software kann Ihnen bei der individuellen Berechnung der LV-Renditen (LV = Lebensversicherung) wertvolle Dienste leisten.
Es bleibt abzuwarten, ob bald auch in den Computerberechnungsbögen der Versicherer endlich Rendite-Angaben zu finden sind. An der Methode zur Berechnung von LV-Renditen kann es jedenfalls nicht liegen, wenn dies bisher nicht geschehen ist. Offensichtlich scheuen immer noch viele Versicherer die aus Anlegersicht wünschenswerte Transparenz. Der kritische und anspruchsvolle Versicherungskunde wird sich dies auf Dauer sicherlich nicht gefallen lassen.«

3.2 Spartip: Jüngere und/oder weibliche Versicherte einsetzen

Da die Rendite bei der Lebensversicherung als Altersvorsorge eine große Rolle spielt, sollten Sie alle Register ziehen! Ich hatte es im Abschnitt »Die ›beste‹ Lebensversicherung« schon anklingen lassen: Setzen Sie jüngere oder weibliche Verwandte als versicherte Personen ein!
Mit diesem legalen Trick, bei dem Sie Versicherungsnehmer und Begünstigter sind (also die Verpflichtung zur Beitragszahlung übernehmen und die Auszahlung im Todes- und Erlebensfall erhalten), können Sie die Beiträge senken und die Rendite um mindestens einen halben Prozentpunkt erhöhen. Da laut Statistik jüngere und/oder weibliche Personen länger leben (in bezug auf die Versicherungslaufzeit), sind die Beiträge niedriger als zum Beispiel bei einem 50 Jahre alten Mann. Sollten Sie also schon zu den »etwas älteren Männern« gehören, würde sich eine Versicherung auf die Ehefrau, Tochter oder Sohn regelrecht bezahlt machen.
Die folgende Tabelle (Abbildung 11) macht den Unterschied deutlich.

Beitragsvergleiche

Monatsbeitrag für eine Versicherungssumme von 100.000 DM und eine Laufzeit von 25 Jahren:

Eintrittsalter	männlicher Versicherter	weiblicher Versicherter
25 Jahre	260 DM	256 DM
30 Jahre	263 DM	259 DM
35 Jahre	271 DM	263 DM
40 Jahre	285 DM	270 DM
45 Jahre	307 DM	283 DM
50 Jahre	343 DM	303 DM

Abbildung 11: Unterschiede bei den Beiträgen

Ein 50jähriger Mann zahlt bei gleicher Versicherungssumme und gleicher Ablaufleistung einen um 34 Prozent höheren Beitrag als eine 25jährige Frau.

Und wenn Sie einen festen Monatsbeitrag wählen, erhalten Frauen eine höhere Ablaufleistung als Männer. Sehen Sie sich bitte Abbildung 12 an.

Vergleich von Ablaufleistungen

Ablaufleistung bei Eintrittsalter 35 Jahre und Monatsbeitrag von 100 DM (Quelle: Debeka Lebensversicherung)		
Laufzeit	**männlicher Versicherter**	**weiblicher Versicherter**
12 Jahre	21.492 DM	21.631 DM
20 Jahre	50.809 DM	51.906 DM
25 Jahre	77.572 DM	81.432 DM
30 Jahre	113.272 DM	120.367 DM

Abbildung 12: Was Männer bekommen und was Frauen

3.3 Die Rentenversicherung ohne Risikoanteil

Die bisherigen Tips zur Renditesteigerung waren ja nicht schlecht, aber wenn Sie noch mehr aus Ihrer Versicherung herausholen wollen, dann sollten Sie die private Rentenversicherung ohne Risikoanteil abschließen. Dies ist eine echte Ergänzung zur gesetzlichen Rentenversicherung. Auch Kranke etc. können diese Versicherung abschließen, da ein Versicherungsschutz im eigentlichen Sinne ja ausgeklammert ist.
Sie können sich sowohl eine lebenslange Rente oder kurz vor Ablauf des Vertrages eine einmalige Abfindung auszahlen lassen. Wenn Sie sich für die Auszahlung entscheiden, wird Ihre ansonsten lebenslange Rente kapitalisiert und in einer Summe und bei Verträgen von mindestens zwölf Jahren Laufzeit auch steuerfrei ausgezahlt.
Aus der Abbildung 13 wird deutlich, daß diese Art der Vorsorge für Männer günstiger ausfällt. Die Lösung: Frauen leben länger und erhalten daher länger Leistungen der Versicherungsgesellschaft. Daher müssen sie auch mehr zahlen.

Bei Ablaufleistung von 100.000 DM nach 25 Jahren Laufzeit und Eintrittsalter von 40 Jahren (Quelle: Stiftung Warentest)

Versicherungs-gesellschaft	Monatsbeitrag in DM männl.	weibl.	Zukunftsrendite in % männl.	weibl.
1. Münchener Verein	116,20 DM	117,20 DM	7,60%	7,53%
2. Lebensvers. 1871	120,89 DM	121,21 DM	7,33%	7,31%
3. Deutscher Ring	123,90 DM	125,80 DM	7,16%	7,06%
4. Grundeigentümer	125,10 DM	126,50 DM	7,10%	7,03%
5. Bayerische Beamtenvers.	125,90 DM	126,20 DM	7,06%	7,04%

Abbildung 13: Zukunftsrendite für Männer und Frauen

Besonders deutlich wird der Unterschied, wenn Kapitalbeträge verrentet werden. Hier wird ein Einmalbetrag in Höhe von 100.000 DM in eine lebenslange Rentenzahlung durch die Versicherung umgewandelt. Sehen Sie hierzu Abbildung 14.

Bei Verrentung von 100.000 DM im Alter von 65 Jahren mit mindestens 5 Jahren Rentengarantiezeit (Quelle: Stiftung Warentest)

Versicherungs-gesellschaft	garantierte Monatsrente männl.	weibl.	Mindestrendite pro Jahr männl.	weibl.
1. Grundeigentümer	716,10 DM	576,90 DM	8,59%	6,92%
2. Volkswohl-Bund	710,67 DM	570,19 DM	8,53%	6,84%
3. Iduna	709,72 DM	573,22 DM	8,52%	6,88%
4. Lebensvers. 1871	709,32 DM	572,87 DM	8,51%	6,87%
5. Gerling	709,30 DM	572,50 DM	8,51%	6,87%

Abbildung 14: Unterschiede bei der Kapitalverrentung

3.4 Geringe Todesfallsummen

Wenn Sie nicht ganz auf den Versicherungsschutz verzichten wollen, sollten Sie sich für eine Versicherung mit geringen Todesfallsummen interessieren. Da die Risikosummen besonders niedrig sind, ist auch der Risiko-

anteil an der Prämie geringer. Niedrigere Beiträge aber haben höhere Renditen zur Folge.
Bei diesem Spezialtarif (wie ihn zum Beispiel Cosmos, Nordstern oder Albingia anbietet) wird die Auszahlungssumme im Falle des Todes im ersten Versicherungsjahr auf zehn Prozent der nach Ablauf der Versicherung garantierten Versicherungssumme begrenzt. Die Todesfallsumme steigt dann Jahr für Jahr stufenförmig an. In Abbildung 15 sehen Sie ein Beispiel.

Beispiel: Versicherungssumme 50.000 DM, Laufzeit 12 Jahre (Quelle: Cosmos)

versicherte Person und Tarifart	Zukunftrendite	Monatsbeitrag	geschätzte Ablaufleistung
1. männlich, 49 Jahre, Normaltarif 100%	6,30%	330,50 DM	70.407 DM
2. männlich, 49 Jahre, Spezialtarif 10%	6,99%	309,90 DM	68.893 DM
3. männlich, 15 Jahre, Normaltarif 100%	6,85%	311,50 DM	68.725 DM
4. männlich, 15 Jahre, Spezialtarif 10%	6,87%	308,00 DM	68.043 DM

Abbildung 15: Geringe Todesfallsummen

3.5 Fazit

Wer eine Lebensversicherung als Altersvorsorge einsetzen will, tut gut daran, sich beizeiten um die günstigste Alternative zu bemühen. Aber nicht in jeder Situation sind diese Versicherungen ein Segen. Wer noch jung ist, aber dennoch fürs Alter sparen will, dem ist eine große Kapitallebensversicherung eher ein Klotz am Bein.
Wer aber schon älter ist und eine Alternative zu den sonst möglichen Anlagen sucht, kann hier bei den Versicherungen manches Schnäppchen ergattern.

4 Altersvorsorge durch Investmentfonds

Unabhängig davon, ob Sie sich für eine Lebensversicherung entscheiden oder bereits eine oder mehrere besitzen, kommt als nächste Stufe der Altersvorsorge die Kapitalanlage in Investmentfonds zum Zuge.
Der Investmentfonds ermöglicht Kleinanlegern oder Sparern die Beteiligung am Kauf von Aktien oder anderen Anlageinstrumenten. Der Anleger erwirbt also selbst keine Aktie oder Anleihe, sondern stellt sein Geld dem Investmentfonds für den Kauf von Anlageinstrumenten zur Verfügung. Dieser kann dann aufgrund seiner Größe zu weitaus niedrigeren Kosten die Anlageinstrumente kaufen oder verkaufen. Ein weiterer Pluspunkt gegenüber der sogenannten Direktanlage (der Anleger legt sein Geld selbst in bestimmten Papieren an) liegt darin, daß durch die Investition des Fondsvermögens in verschiedene Aktien, Anleihen oder andere Instrumente eine entsprechende Risikostreuung vorgenommen wird.

4.1 Wie funktioniert ein Fonds?

Wer nun sein Geld einem Investmentfonds anvertraut, wird Anteilinhaber. Das Kapital fließt in einen gemeinsamen Topf aller Fondsanleger, das sogenannte Sondervermögen, der Anleger erhält Anteilscheine, die ihn in Höhe seiner Einzahlung an diesem Sondervermögen beteiligen. Diese Zertifikate verbriefen den
- *Anspruch auf Miteigentum am Fondsvermögen,*
- *Anspruch auf Beteiligung am Ertrag,*
- *Anspruch auf ordnungsgemäße Verwaltung des Fonds,*
- *Anspruch auf Rücknahme des Investmentzertifikats.*

Man sagt, daß der Anteilinhaber »Miteigentümer zu Bruchteilen« am jeweiligen Sondervermögen der Fondsgesellschaft ist. Im Gegensatz zu anderen Wertpapieren gibt es bei Investmentanteilen keinen Kurs, sondern einen Ausgabepreis. Liegt der Ausgabepreis beispielsweise bei 94,25 DM, dann zahlen Sie für einen Anteil an diesem Fonds auch keinen Pfennig mehr. Bei der Direktanlage in Aktien und Anleihen kommen dagegen noch die Provision für die Banken und andere Kosten zum Kaufkurs hinzu.

4.1.1 Welche Vorteile bietet der Bruchteilkauf?

Ein weiterer wesentlicher Vorteil der Fondsanteile liegt darin, daß der Anleger bei Fondsanteilen auch Bruchteile eines Anteils kaufen kann. Das ist besonders praktisch, wenn einmalig oder regelmäßig ein fester, ganzer Betrag angelegt werden soll. Ein Beispiel: Ein Fondsanteil kostet 94,25 DM.
- *Bei einer Einmalanlage von 300.000 DM erhält der Anleger Markus Muster bei diesem Fonds exakt 3.183,0238 Anteile.*
- *Bei einem Sparbetrag von monatlich 300 DM kann die Anlegerin Gisela Sparsam in diesem Monat genau 3,1830 Anteile kaufen.*
- *Bei einem Sparbetrag von etwa 300 DM monatlich kann der Anleger Emil Klein, der immer nur ganze Anteile kaufen will, in diesem Monat drei (3) Anteile erwerben.*

Bei Gisela Sparsam wird der Vorteil, Bruchteile kaufen zu können, besonders deutlich. Nach sechs Monaten besitzt sie gegenüber Emil Klein bereits einen Anteil mehr.

Anlagemodell »Gisela Sparsam«
Anlagebetrag (6 x 300,- DM)   1.800,-- DM
Ausgabepreis je Anteil   94,25 DM
Anzahl Anteile   19,098 Stück
Aufwand   1.800,-- DM

Anlagemodell »Emil Klein«
Anlagebetrag (6 x 300,- DM)   1.800,-- DM
Ausgabepreis je Anteil   94,25 DM
Anzahl der Anteile   18,00 Stück
Aufwand   1.696,50 DM

Richtig, Emil Klein hat insgesamt 103,50 DM weniger ausgegeben. Und steigt der Ausgabepreis über 100 DM an, dann kann er noch nicht einmal mehr drei Anteile pro Monat kaufen.

4.1.2 Welche Begriffe sind wichtig?

Ganz allgemein unterscheidet man bei Investmentfonds zwischen offenen und geschlossenen Fonds.

➤ **Offene Investmentfonds**
Die Besonderheiten dieser Fondsart kann man anhand von zwei Merkmalen schnell erklären:
- *Vorteil 1: Bei den offenen Fonds kann der Anleger jederzeit »einsteigen« und ab sofort von den eventuellen Gewinnen oder Erträgen »seines« Fonds profitieren.*
- *Vorteil 2: Bei offenen Fonds kann der Anleger jederzeit seine Anteile zum Rücknahmepreis an die Kapitalanlagegesellschaft (Fondsgesellschaft) wieder zurückgeben.*

➤ **Geschlossene Investmentfonds**
Bei der zweiten Fondsart wird von Anfang an nur eine feste Anzahl von Anteilen ausgegeben. Sind alle Anteile verkauft, kann ein Interessent keine Anteile mehr von der Fondsgesellschaft erwerben. Er muß dann versuchen, durch den Kauf eines Anteils von einem anderen Anleger, der bereits im Besitz eines Anteils ist, einen oder mehrere Anteile zu erhalten.
Da die Anzahl der Fondsanteile begrenzt ist, kann sich der Fonds kapitalmäßig auch nicht vergrößern. Ausgenommen bei dieser Betrachtung ist natürlich die erhoffte Wertsteigerung des Fonds. Da es für einen einzelnen Anleger ausgesprochen schwierig sein kann, seine Anteile zu einem fairen Preis zu kaufen oder zu verkaufen, ist es nur eine Frage der Zeit, daß diese Anteile an geschlossenen Fonds wie reguläre Aktien an der Aktienbörse gehandelt werden. In den USA gibt es bereits eine Vielzahl solcher börsennotierten geschlossenen Fonds.

4.1.3 Die Fondsgesellschaft

Zu den Aufgaben einer Investmentgesellschaft gehört natürlich in erster Linie, die gesammelten Gelder der Anleger anzulegen und das Kapital nach Möglichkeit zu mehren. Dazu gehören der Kauf und Verkauf von Wertpapieren, die Verwaltung des Vermögens und die Pflege des Bestandes. Damit die Anleger als Geldgeber immer bestens über ihr Vermögen informiert sind, muß die Fondsgesellschaft die Anleger über den Stand ihres Engagements unterrichten. Bei offenen Fonds hat die Investmentgesellschaft dafür zu sorgen, daß immer ausreichend Bargeld vorhanden ist, falls ein Anleger seine Anteile zurückgibt und den Wert <u>in bar</u> verlangt.

4.1.4 Weitere Faktoren

Weitere wichtige Faktoren, die eine Anlage in Investmentfonds betreffen, sind:
- *Strikte Trennung des Sondervermögens (von Anlegern eingezahlte Gelder) vom sonstigen Vermögen der Kapitalanlagegesellschaft.*
- *Es dürfen nur solche Wertpapiere erworben werden, die Ertrag oder Kurswachstum erwarten lassen.*
- *Es dürfen nur bis zu fünf Prozent des Fondswertes in Wertpapiere von ein und demselben Emittenten investiert werden.*
- *Es dürfen keine Kredite aufgenommen werden. Damit soll verhindert werden, daß Aktien- oder Anleihenkäufe auf Pump zu extrem hohen Risiken führen. Nur in besonderen Fällen darf zur Finanzierung von Anteilrückgaben ein kurzfristiger Kredit aufgenommen werden.*
- *Es dürfen nicht mehr als 50 Prozent des Anlagekapitals als Barreserve gehalten werden.*

Der letzte Punkt ist sicher erklärungsbedürftig, denn normalerweise ist der Anleger daran interessiert, daß sein gesamtes Kapital angelegt wird. Das ist aber nicht in jeder Situation ratsam. Kommt es nämlich dann zu einem starken Kursanstieg, ist kein Geld mehr da, um weitere Papiere nachzukaufen.

Aber auch wenn der Kurs sinkt, kann der Fondsmanager in eine Zwickmühle geraten. Ist der Fonds »voll investiert« (alles Kapital für Käufe verwendet), dann wird ein Kursverfall enorme Verluste bringen, da ja alle Wertpapiere unter den sinkenden Kursen leiden. Hat sich der Fondsmanager jedoch rechtzeitig für die Auflösung großer Teile seiner Positionen entschieden, bleibt das Risiko des Verlustes auf die noch bestehenden Positionen begrenzt. Er »parkt« einen Großteil des Kapitals auf Konten oder in Geldmarktfonds, bis der Kurs wieder steigt.

4.2 Warum Fondsanteile?

Nur durch Beteiligung am Produktivvermögen können besonders hohe Gewinne erzielt werden. Natürlich können auch Verluste eintreten, dies soll uns an dieser Stelle aber nicht interessieren. Bei einem Unternehmen (sagen wir einer Aktiengesellschaft) liegen die Risiken und Chancen dicht

beieinander. Kommt es zu einem Wirtschaftsaufschwung und kann die Firma ihre Produkte lukrativ auf dem Markt absetzen, dann werden Firma und Aktionäre Geld verdienen.
Tritt der Aufschwung nicht ein und stellt sich heraus, daß die Produkte der Firma von anderen billiger und/oder besser angeboten und auch mehr verkauft werden, dann kommt es zu Verlusten. Ziel eines Anlegers in Aktien muß es also sein, Aktien zu erwerben, bei denen das Risiko, Verluste zu machen, gering ist.

4.2.1 Erträge und Kursgewinne steigern den Wert des Anteils

Eine schwierige Aufgabe, der Sie sich nicht gewachsen fühlen? Macht nichts! Bedienen Sie sich doch einfach der Hilfe von Profis, denn: wer nur gelegentlich mit Aktien oder Anleihen handelt, wird eines der vielen Signale übersehen oder falsch interpretieren.
Der Hobbyanleger kauft meist zu spät (also zu teuer) und verkauft zu früh (also zu billig). Oder aber er kauft überhaupt nicht beziehungsweise kann sich von seinen Aktien nicht zeitig trennen. Er kauft zuviel oder zuwenig.
Aber auch ein großer Börsenprofi ist vor dem schlichten Irrtum nicht gefeit. Deshalb entscheiden bei einem Investmentfonds auch meist mehrere kluge Köpfe und kaufen nicht nur ein Wertpapier, sondern erwerben verschiedene Papiere. Damit streuen sie das Risiko, denn vielleicht verschlechtert sich die Situation für ein Papier, seltener für alle gleichzeitig.

4.2.2 Unterschiedliche Ziele

Die Kapitalmärkte sind in verschiedene Segmente aufgegliedert. Es gibt Aktien, Anleihen, Optionsscheine, Optionen, Futures, viele Immobilienobjekte und noch andere Anlageinstrumente. Diese Aufteilung finden wir auch bei den Investmentfonds. Jeder Fonds hat je nach Instrumenten oder Anlageschwerpunkten (Dritte-Welt-Länder, Chemieindustrie et cetera) ein entsprechendes Risiko. So werden Rentenfonds (Anleihen), Aktienfonds, Immobilienfonds oder andere – spezielle – Fonds angeboten.
Ein Rentenfonds wird zum Beispiel besonders dann im Wert steigen, wenn der Zins sinkt (sinkender Zins bedeutet steigende Anleihenkurse). Und

wenn die Aktienkurse steigen, dann sollte auch der Aktienfonds im Wert zulegen.

4.2.3 Ausgabepreis und Rücknahmepreis

Als Käufer eines Investmentfonds bezahlen Sie den sogenannten Ausgabepreis. Wollen Sie die Anteile zurückgeben (Kasse machen), dann wird man Ihnen den Rücknahmepreis zahlen. Beide Preise sind miteinander verknüpft.
Betrachten wir zuerst den Rücknahmepreis. Er errechnet sich aus dem Inventarwert des Fonds (Sondervermögen) und der Anzahl der umlaufenden Anteile. Ein Beispiel:

Wert des Fondsvermögens	200.000.000 DM
Anzahl der umlaufenden Anteile	5.000.000 Stück
Anteilswert/Rückgabepreis (Wert : Anzahl)	40 DM

Sie könnten daher pro Anteil mit 40 DM Erlös rechnen. Da stellt sich die Frage nach der Höhe des Kaufpreises. Wie kommen wir zum Ausgabepreis? Da der Rückgabepreis bereits den Wert des Anteils ausdrückt, muß der Ausgabepreis höher als der Rückgabepreis sein. Schließlich sind Kosten entstanden, die berücksichtigt werden wollen. Auf den Rückgabepreis wird daher ein von Fonds zu Fonds unterschiedlicher Prozentsatz aufgeschlagen, der sogenannte Ausgabeaufschlag. Die Höhe dieses Aufschlages bewegte sich in der Vergangenheit zwischen drei und fünf Prozent. Bei einem Aufschlag von fünf Prozent wird der Ausgabepreis sich bei 42 DM bewegen.

- Wer die Aufschläge vergleicht, wird feststellen, daß die Unterschiede zum Teil erheblich sind. Und das hängt auch damit zusammen, daß Aktienfonds einen größeren Aufschlag verlangen als Rentenfonds.
- Bei vielen Investmentgesellschaften ist der Aufschlag auch von der Höhe des einzusetzenden Kapitals abhängig. Wer mehr Geld anliefert, zahlt einen kleineren Aufschlag.

Und wie vergleichen Sie die Fonds? Sie rechnen mit folgender Formel:

$$\frac{\text{Ausgabepreis minus Rückgabepreis}}{\text{dividiert durch den Rückgabepreis}} \times 100$$

Wenn Sie also in der Zeitung lesen:

Rückgabepreis 89,50
Ausgabepreis 93,10

dann können Sie mit der genannten Formel errechnen, wie hoch der Aufschlag bei diesem Fonds ist. Wenn ich richtig gerechnet habe, kommen Sie bei diesem Beispiel auf einen Ausgabeaufschlag von 4,02234 Prozent. Gegenüber den fünf Prozent im vorhergehenden Beispiel (Ausgabepreis 42 DM/Rücknahmepreis 40 DM) ist dies der günstigere Fonds, wenn man nur den Aufschlag betrachtet.

Das allerdings kann ich nicht empfehlen. Nicht immer ist der Fonds mit dem geringsten Aufschlag auch der beste, wenn es um den Ertrag und den Kursgewinn geht. Letztendlich können die Kosten für den Vertrieb auch in den allgemeinen Kosten des Fonds versteckt werden. Wie sagte einst ein Staatsmann: »Ich traue nur den Bilanzen, die ich selbst gefälscht habe!«

4.2.4 Weitere Kosten

Jedes Unternehmen benötigt eine gute Verwaltung. Dies trifft auch auf eine Fondsgesellschaft zu. Zwangsläufig entstehen dabei Kosten, die durch entsprechende Gebühren und dergleichen abzudecken sind. Daneben fallen noch Kosten für das Depotmanagement an. Für diese Tätigkeit (Auswahl der Anlageinstrumente, rechtzeitige Umschichtung der Papiere et cetera) erhält die Fondsgesellschaft eine Vergütung in Höhe von 0,25 bis 1,25 Prozent pro Jahr, bezogen auf den Depotwert am jeweiligen Stichtag.
Weitere Kosten entstehen bei der Verwahrung der Wertpapiere. Das Gesetz schreibt vor, daß die Verwahrung der mit dem Geld der Kunden gekauften Papiere auf eine andere Bank (Treuhänder) übertragen wird.

Die Aufgaben der Depotbank:
- *Sie übernimmt Überwachungs- und Kontrollfunktionen im Sinne des Anlegers.*
- *Sie organisiert den Kauf und die Rückgabe von Anteilscheinen.*

Für diese Tätigkeiten erhält sie eine Depotbankvergütung. Sie beträgt zwischen 0,025 und 0,1 Prozent bezogen auf das Fondsvermögen am jeweiligen Stichtag.

4.2.5 Kosten aus Vertrieb, Verwahrung und Verkauf von Fondsanteilen

Obwohl bereits viele Vertriebsgesellschaften in größerem Umfang Fondsanteile direkt an Anleger verkaufen, werden die meisten Anteile noch am Bankschalter erworben. Das ist kein Wunder, schließlich sind die meisten Fondsgesellschaften Tochterfirmen der großen und mittleren Banken. Die einfachste Methode, Investmentanteile zu erwerben, ist daher der Gang zum Schalter in der **Hausbank** des Anlegers.

- *Vorteil: kurze Wege, bekannte Ansprechpartner, besonderes Vertrauensverhältnis.*
- *Nachteil: Angebot wird häufig auf die Fonds der Hausbank beschränkt, objektive Auswahl und Beratung eher unwahrscheinlich.*

Hier muß man dem Anleger raten, sich nicht nur von seiner Hausbank oder einer anderen Bank, sondern auch von einem unabhängigen Berater informieren zu lassen. Diese Berater können, da sie eine Vielzahl von Fondsgesellschaften vertreten, oft unabhängiger und auf den Kunden zugeschnitten beraten. Kosten entstehen durch die Beratung nicht, sie werden durch den Aufschlag beim Kauf der Anteile abgegolten. Achtung: Immer häufiger gehen Berater dazu über, eine Honorarberatung durchzuführen. Fragen Sie nach den Kosten, und rechnen Sie nach, bei welcher Art der Bezahlung (Abschlag oder Honorarberatung) Sie günstiger wegkommen.

4.2.6 Einzahlungsarten

Bei der Art der Einzahlung können Sie sich für eine von drei verschiedenen Möglichkeiten entscheiden:
- *Einmalige Einzahlung des Kapitals oder*
- *regelmäßige Ratenzahlungen oder*
- *Mischung aus einmaliger Zahlung und regelmäßigen Raten.*

Auf den ersten Blick sieht eine Bindung durch Ratenzahlung wenig vorteilhaft aus. Da Sie sich aber jederzeit für eine andere Form der Zahlung entscheiden oder die Zahlung auch für eine Weile unterbrechen können, sollten Sie diese Entscheidung an Ihren derzeitigen Verhältnissen orientieren.

Kostenmäßig ist es für den Anleger oft vorteilhaft, größere Beträge anzulegen. Der sonst mit etwa fünf Prozent anzusetzende Aufschlag verringert sich dann. Bei manchen Gesellschaften sind auch Mindestanlagesummen beim ersten Kauf von Fondsanteilen Bedingung.

4.2.7 Verwahrung der Anteile

Bei der Verwahrung der Anteilscheine können Sie entscheiden, ob Sie die Papiere in den heimischen Tresor einschließen, sie bei der Fondsgesellschaft belassen oder sie bei Ihrer Hausbank im Depot verwalten lassen wollen. Während die Verwahrung bei der Fondsgesellschaft in der Regel kostenlos erfolgt, wird Ihnen die Hausbank Depotgebühren berechnen.
Die Verwahrung im Schließfach der Bank oder im heimischen Tresor kostet neben den Gebühren oft auch noch eine Versicherungsprämie. Dies ist auch deshalb nicht zu empfehlen, weil die Anteile nicht so schnell verkauft werden können, wie dies möglich ist, wenn Sie die Anteile im Depot halten.

4.2.8 So erhalten Sie die Erträge Ihres Fonds

Einmal im Jahr werden die erzielten Erträge ausgeschüttet. Diese Ausschüttung erfolgt über die Depotbank des Fonds, auch der Kauf oder Verkauf der Anteilscheine wird über die Depotbank abgewickelt.

➤ *Die Ausschüttung*
Sie setzt sich aus den »ordentlichen« und den »außerordentlichen« Erträgen zusammen. Alle Zinsen und Dividenden, die bis zum Ende des Geschäftsjahres vereinnahmt wurden, gehören zu den ordentlichen Erträgen und werden nun ausgeschüttet. Kursgewinne zählen zu den außerordentlichen Erträgen, und es liegt im Ermessen der Fondsgesellschaft, ob sie einen Teil oder alle Kursgewinne ausschüttet. Mit den Ertragsscheinen Ihrer Fonds können Sie nun den Ertrag in bar abkassieren.
Wenn Sie den Anlageerfolg Ihrer Fonds nach ein paar Jahren richtig messen wollen, dürfen Sie diese Barausschüttungen nicht vergessen. Ein Beispiel:

Anlageerfolg von Investmentfonds

Ausgabepreis	1983	50,-- DM
Rücknahmepreis	1993	80,-- DM
Gewinn		30,-- DM

Ausschüttungen in den Jahren

1983 (5,-), 1984 (4,-), 1985 (5,-), 1986 (4,-),
1987 (4,-), 1988 (3,-), 1989 (3,-), 1990 (4,-),
1991 (4,-), 1992 (4,-), 1993 (4,-) insgesamt 40,-- DM
Gesamtertrag über die Laufzeit von 10 Jahren 70,-- DM

Bezogen auf den Anschaffungspreis von 50 DM pro Anteil im Jahre 1983 sind das immerhin 140 Prozent. Noch besser sieht die Rendite aus, wenn die Erträge jedesmal wiederangelegt werden. Dazu kommen wir gleich noch.

➤ **Der »ex«-Tag**
Der Tag der Ausschüttung wird ex-Tag genannt. Der Rücknahmepreis, der ja den Wert des gesamten Fonds dividiert durch die Anzahl der Anteile darstellt, sinkt um den Ausschüttungsbetrag. Natürlich ermäßigt sich dadurch auch der Ausgabepreis, da er sich aus dem Rückgabepreis plus einem Aufschlag von etwa fünf Prozent (je nach Fonds, Vertriebsweg und Fondsgesellschaft unterschiedlich) ergibt.
Bevor Sie als Anleger einen Schreck bekommen, sollten Sie sich klarmachen, daß der gesunkene Rückgabepreis keinesfalls einen Kursverfall der im Fondsvermögen enthaltenen Wertpapiere bedeutet.

4.2.9 Langfristiger Vermögensaufbau

Nicht jeder Investor benötigt die jährlich erfolgende Ausschüttung. Im Gegenteil: Oft ist ja gerade diese Art der Kapitalanlage gewählt worden, um einen langfristigen und soliden Vermögensaufbau zu betreiben. Diese Entscheidung wird gefördert durch den sogenannten Wiederanlagerabatt.

➤ Der Wiederanlagerabatt

Dieser Rabatt wird den Anteilseignern eines Fonds gewährt, wenn sie innerhalb einer Frist die Ausschüttung wieder in Anteile desselben Fonds investieren. Die Ersparnis beträgt etwa drei Prozent und resultiert aus der Tatsache, daß für die neuen Anteile nur ein um drei Prozent reduzierter Aufschlag auf den Rückgabepreis zu zahlen ist. Wer sein Geld auf längere Sicht angelegt und keinen aktuellen Kapitalbedarf hat, sollte in jedem Fall von diesem Vorteil Gebrauch machen.

Ein Beispiel:

Der derzeitige Rücknahmepreis für einen Anteil Ihres Fonds beträgt 57,15 DM, und es werden pro Anteil 12,50 DM ausgeschüttet. Der Ausgabeaufschlag beträgt fünf Prozent, bei der Wiederanlage sparen Sie drei Prozent und zahlen nur noch zwei Prozent Aufschlag. Sie besitzen 400 Anteile, daher werden Ihnen 5.000,- DM ausgezahlt. Wie viele Anteile können Sie damit erwerben, wenn Sie
- (a) ohne den Wiederanlagerabatt kaufen,
- (b) mit dem Rabatt kaufen?

Der Rücknahmepreis stellt den anteiligen Wert des Fonds dar. Diesem ist der Ausgabeaufschlag (fünf Prozent von 57,15 DM) zuzuschlagen. Der Ausgabepreis beträgt demnach 60,- DM.
- *Antwort zu (a): Für 5.000,- DM erhalten Sie 83,33 Anteile. Insgesamt verfügen Sie dann also über 483,33 Fondsanteile.*

Bei der Inanspruchnahme des Wiederanlagerabatts (drei Prozent) werden für den Ausgabepreis nur zwei Prozent von 57,15 DM als Aufschlag berechnet. Der Ausgabepreis beträgt daher nur 58,29 DM.
- *Antwort zu (b): Wenn Sie den Wiederanlagerabatt in Anspruch nehmen, dann erhalten Sie für 5.000,- DM immerhin 85,77 Anteile. Insgesamt verfügen Sie dann über 485,77 Fondsanteile.*

Nun ist klar, wer am meisten aus seinem Geld herausholen will und sich eine langfristige Anlage wünscht, kommt um die Wiederanlage nicht herum.

4.3 So finden Sie den richtigen Fonds

Um Ihnen eine Übersicht zu geben, stelle ich Ihnen nachfolgend die einzelnen Fondsarten vor und gebe Hinweise, in welchen Situationen die jeweilige Fondsart anderen gegenüber im Vorteil ist. Für diese Einteilung benutze ich die Bezeichnungen Rentenfonds, Aktienfonds, gemischte Fonds, Optionsscheinfonds, Immobilienfonds, Futures-Fonds, Laufzeitfonds, geldmarktnahe Fonds, Länderfonds, Luxemburger Fonds und Spezialfonds.

Der Vorteil einer solchen Katalogisierung ist die Vereinfachung der Kauf- oder Verkaufsentscheidung. Wenn Sie zum Beispiel lesen, daß der von Ihnen ins Auge gefaßte Fonds ein Aktienfonds ist, dann schlagen Sie einfach das entsprechende Kapitel in diesem Buch auf und erfahren, wann Sie solche Fonds kaufen oder verkaufen sollten.

Der Nachteil bei dieser Einteilung liegt darin, daß diese Methode nur für die wenigsten Fonds ohne Einschränkung geeignet ist. Tatsächlich ist es so, daß in einem Rentenfonds nicht nur Renten enthalten sind und in einem Aktienfonds auch Optionen und Futures anzutreffen sind.

Warum ist das wichtig? Nun, ein reiner Rentenfonds verhält sich bei sinkenden Zinsen völlig anders als ein Rentenfonds mit einem Aktienanteil von vielleicht 40 oder mehr Prozent. Und ein reiner Aktienfonds wird bei steigenden Kursen mehr Profit erreichen als ein Aktienfonds mit einem Anteil an Anleihen von 40 Prozent oder mehr.

Deshalb ist es für Sie wichtig, vor dem Kauf eines Fonds den letzten Rechenschaftsbericht der Fondsgesellschaft zu lesen. Dann können Sie beurteilen, ob es sich um einen reinen Rentenfonds oder vielleicht auch um einen Futures-Fonds handelt.

4.3.1 Der Rentenfonds

Lassen Sie sich durch die Bezeichnung »Rentenfonds« nicht irreführen! Hier geht es nicht um Ihre Rente, sondern um die Anlage in festverzinsliche Wertpapiere. Bei diesen Wertpapieren werden die unterschiedlichsten Bezeichnungen gebraucht. So werden die Begriffe »Anleihe«, »Obligation«, »Bond«, »Schuldverschreibung« oder »Renten« oft gleichberechtigt nebeneinander verwendet. Deshalb also »Renten«-Fonds.

➤ **Begriffe**

Bei Anleihen gibt es drei Begriffe, die Sie kennen sollten: Laufzeit, Nennwert und Couponzins.
- *Die Laufzeit gibt den Zeitraum an, für den Sie dem Emittenten (Herausgeber) der Anleihe Ihr Kapital zur Verfügung stellen.*

- Der *Nennwert* gibt den Geldbetrag an, den der Emittent am Ende der Laufzeit der Anleihe an Sie zurückzahlt.
- Der *Couponzins* ist der Betrag, den der Emittent (meist jährlich) als Zins für das zur Verfügung gestellte Kapital an Sie in bar auszahlt. Die Angabe erfolgt in Prozent und bezieht sich auf den Nennwert der Anleihe.

Das sieht nun so aus, als würden Sie sich für die gesamte Laufzeit binden. Als Geld**geber** (Gläubiger) haben Sie jedoch mehr Freiheiten als der Geld**nehmer** (Schuldner). So können Sie börsennotierte Anleihen börsentäglich zum Börsenkurs wieder verkaufen und sich Ihr Geld ganz oder teilweise zurückholen. Wichtig ist hier, daß Sie *nur zum Börsenkurs* verkaufen können. Das bedeutet, daß Sie eventuell mehr oder aber vielleicht auch weniger als Ihren Kaufpreis zurückerhalten.

Auch die **Laufzeit** beeinflußt die Kursentwicklung der Anleihen. So verstärken lange Laufzeiten die Zinsänderungseffekte, kürzere Laufzeiten kompensieren sie teilweise.

Der **Couponzins** hat einen nicht zu unterschätzenden Einfluß auf die Zinsänderungseffekte. Ein hoher Couponzins verringert den Einfluß steigender Zinsen. Ein niedriger Couponzins verstärkt diesen Effekt bei sinkenden Zinsen.

➤ *Vorteile festverzinslicher Wertpapiere*
Der feste und auf Jahre kalkulierbare Zins versetzt den Anleger in die Lage, sein Einkommen oder Zusatzeinkommen (zweite Rente et cetera) zu planen.

➤ *Nachteile festverzinslicher Wertpapiere*
Die weiter oben bereits angesprochene Kursempfindlichkeit bei Zinsschwankungen führt zu Verlusten, zumindest zu vorübergehenden Buchverlusten. Darüber hinaus kann nicht garantiert werden, daß der Anleger die Zinsen, die er während der Laufzeit erhält, zu einem ebenso günstigen Zinssatz wiederanlegen kann.

➤ *Die Aufgabe des Fondsmanagements*
Damit ist das Aufgabenfeld der Fondsmanager bei Rentenfonds schon klar umrissen: der Fondsmanager sollte sich auf dem Rentenmarkt auskennen und für jede Börsensituation die passenden Anleihen kaufen oder verkaufen. Allerdings dürfen wir bei Rentenfonds nicht die gleichen Renditeerwartungen hegen, wie das bei Aktienfonds durchaus normal wäre. Der Kurs einer Anleihe kann nicht endlos in den Himmel steigen, und Cou-

ponzins und Tilgung (Rückzahlung am Ende der Laufzeit) verhindern den freien Fall. Die Rentenmärkte folgen also mehr oder weniger streng den Gesetzen der Mathematik.
So läßt sich zu jedem Zeitpunkt aus der Kapitalmarktrendite und der Ausstattung der Anleihe (Couponzins, Laufzeit et cetera) der Kurs der Anleihe errechnen. Durch Angebot und Nachfrage kommt es schon mal zu Abweichungen. Allerdings sorgen Ausgleichsgeschäfte der Profis (Arbitrage) schnell für die Wiederherstellung der richtigen Marktverhältnisse.

➤ Und so arbeitet Ihr Fondsmanagement

Zur täglichen Routine gehört die Frage, ob die Zinsen steigen oder fallen. Aber auch die Frage, wie hoch sie steigen oder wie tief sie fallen und wie lange diese Entwicklung anhalten wird, muß beantwortet werden. Natürlich sind bei diesen Prognosen immer wieder auch Irrtümer möglich, da im Grunde niemand wissen kann, wie sich die Wirtschaft weiterentwickeln wird. Durch unterschiedliche (Rest-)Laufzeiten wird dann versucht, das Zinsänderungsrisiko zu verringern.

Hier wird der Vorteil der Investmentfonds deutlich: Die Schnelligkeit der Informationsverarbeitung und Umsetzung in passende Anlagestrategien machen aus der Anlageentscheidung einen Vollzeitjob. Nichts für Kleinanleger oder Leute, die einfach wenig Zeit haben oder ein Hobby nicht aufgeben wollen. Der Kauf von Fondsanteilen bietet bei günstigen Konditionen professionelles Management!

➤ Wann kaufen Sie Rentenfonds?

Eine feste Regel, nach der Sie mit traumwandlerischer Sicherheit und Erfolgsgarantie kaufen oder verkaufen können, gibt es nicht. Die Kapitalmärkte sind international derart verflochten, daß man keine Entwicklung isoliert betrachten darf. Die verschiedenen Börsenkräche der Vergangenheit haben dies ja bestätigt.

Kaufen Sie Rentenfonds,
- wenn sich am Aktienmarkt nichts tut oder alle Welt befürchtet, daß die Aktienkurse sinken werden. Eine dadurch ausgelöste Kaufwelle bei den Anleihen treibt die Kurse nach oben.
- wenn das Zinsniveau relativ hoch (acht und mehr Prozent für Langläufer) und keine Veränderung in Sicht ist. Damit sichern Sie sich auf lange Zeit eine hohe Verzinsung Ihres Kapitals.

- wenn die Zinsen noch hoch sind und allgemein mit sinkenden Zinsen gerechnet wird. Die dann anfallenden Kursgewinne lassen schnell den Wert Ihrer Fondsanteile steigen.
- wenn die Zinsen bereits sinken. Wer schnell reagiert, kann auf Kursgewinne oder eine noch relativ hohe Verzinsung hoffen.

Hinweis: Betrachten Sie bitte zur Kursentwicklung von Rentenfonds die Abbildungen 16 und 17.

4.3.2 Der Aktienfonds

Wie der Name schon sagt, legen Aktienfonds ihr Vermögen überwiegend in Aktien an und unterliegen damit den Schwankungen des Kapitalmarktes. Welche Aktien gekauft werden (zum Beispiel deutsche oder ausländische) und wieviel von jedem Emittenten erworben werden darf (Prozentangabe), wird immer in den Fondsbedingungen festgelegt.

▶ *Begriffe*
Aktien werden von den Firmen zur Beschaffung von Eigenkapital ausgege-

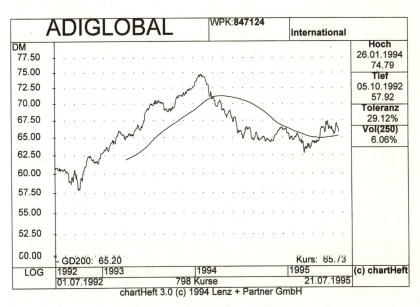

Abbildung 16: Rentenfonds (1)

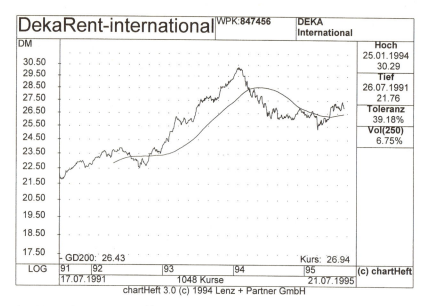

Abbildung 17: Rentenfonds (2)

ben. So kommen große Mengen an Kapital zusammen, die der Firma einen geordneten Geschäftsbetrieb ermöglichen. Durch die Form der Aktiengesellschaft ist gewährleistet, daß das Grundkapital (Eigenkapital) in kleinste Teilbeträge gestückelt und durch die Aktien breit gestreut werden kann. Durch den Börsenhandel der Aktien wird sichergestellt, daß der Anleger sich jederzeit zum jeweils aktuellen Börsenkurs wieder von seinen Aktien trennen oder weitere hinzukaufen kann. Jede Aktie besitzt einen Nennwert. Dieser wird in der Satzung der Aktiengesellschaft (AG) festgelegt und beträgt meist 50 DM oder (seltener) 100 DM pro Aktie. Der Nennwert aller Aktien entspricht dem Grundkapital. Seit kurzer Zeit gibt es auch Aktien mit einem Nennwert von 5 DM. Vom Nennwert zu unterscheiden ist der Kurswert. Der Kurswert liegt meist über dem Nennwert und entspricht dem Gesamtwert der Gesellschaft plus der Erwartung der Börsenteilnehmer. Wenn Sie eine Aktie für 500 DM erwerben, heißt das also nicht in jedem Fall, daß die Firma soviel Wert ist, sondern nur, daß die Börsenteilnehmer sie für so wertvoll halten.

Als Aktionär haben Sie auch das Recht zur Teilnahme an der Hauptversammlung und dürfen dort, entsprechend der Anzahl Ihrer Stimmen, für oder gegen die Vorschläge der Verwaltung stimmen. Zu den Rechten und

Ansprüchen des Aktionärs gehört auch der Anspruch auf Anteil am Bilanzgewinn. Allerdings kann der Vorstand auch den Ausfall der Dividende beschließen. Er wird dies besonders dann tun, wenn die Geschäftslage unüberschaubar oder ausgesprochen schlecht ist.
Durch die Dividenden und die möglichen Kursgewinne kann der Kurs von Aktien recht rasch steigen, aber auch sinken. Großen Gewinnchancen stehen ebensolche Verlustrisiken gegenüber. Besonders problematisch wird ein Aktienengagement, wenn es mit Krediten finanziert wurde. Sinkt nämlich der Kurs, dann sinkt auch der Beleihungswert. Dann müssen Aktien verkauft werden, um dies auszugleichen. Wenn dann später der Kurs wieder ansteigt, ist der Anleger nur noch mit weniger Aktien daran beteiligt, wird also einen geringeren Gewinn einfahren.
Trotz aller Risiken gewinnen Aktien und Aktienfonds immer mehr an Beachtung. Sie bieten immerhin eine schöne Chance, überdurchschnittliche Gewinne zu erzielen, die zudem (unter bestimmten Bedingungen) sogar steuerfrei sind.

▶ Die Aufgabe des Fondsmanagements
Damit ist das Aufgabenfeld der Fondsmanager bei Aktienfonds klar umrissen: der Fondsmanager sollte sich auf dem Aktienmarkt auskennen und für jede Börsensituation die passenden Aktien kaufen oder verkaufen. Bei Aktienfonds dürfen Sie durchaus mit überdurchschnittlichen Gewinnen rechnen. Durch die jederzeit möglichen Kursgewinne sind der Wertsteigerung Ihrer Fondsanteile keine Grenzen gesetzt.

▶ Und so arbeitet Ihr Fondsmanagement
Zur täglichen Routine gehört die Frage, ob die Kurse steigen oder fallen. Aber auch die Frage, wie hoch sie steigen oder wie tief sie fallen und wie lange diese Entwicklung anhalten wird, muß beantwortet werden.
Natürlich sind bei diesen Prognosen immer wieder auch Irrtümer möglich, da im Grunde niemand wissen kann, wie sich die Wirtschaft weiterentwickeln wird. Durch Hinzunahme anderer Instrumente wie Optionen oder Futures wird dann versucht, das Kursänderungsrisiko zu verringern oder die Kursgewinnchancen zu steigern.

▶ Wann kaufen Sie Aktienfonds?
Auch bei Aktienfonds gibt es keine Erfolgsgarantie. Spektakuläre Einbrüche an den Börsen dieser Welt haben gezeigt, daß es für keine Aktie einen vorausplanbaren Gewinn geben kann. Als Finanzierungsinstrument der Unternehmen sind sie vom Erfolg oder Untergang der Firma beson-

ders abhängig. Die Konjunktur im In- und Ausland fördert oder bremst eine Entwicklung.

Sie können Aktienfonds kaufen,
➤ weil grundsätzlich in den Aktiengesellschaften das große Geld verdient wird.
➤ wenn sich am Rentenmarkt (aus welchen Gründen auch immer) nichts mehr verdienen läßt.
➤ wenn Sie frisches Kapital anlegen wollen und die Zinsen zu sinken beginnen.
➤ wenn das Zinsniveau bereits niedrig ist oder es auf recht niedrigem Niveau verharrt.
➤ wenn der Konjunkturmotor aufgrund der niedrigen Zinsen wieder zu brummen beginnt.
➤ wenn die Inflationsrate steigt und Immobilien zu teuer oder wenig ertragreich sind.
➤ wenn Sie auf längere Sicht eine rentierliche Altersversorgung oder das Vermögen für eine Zusatzrente aufbauen wollen.
➤ wenn Sie Ihre vermögenswirksamen Leistungen (VL) in Fonds investieren wollen.

Hinweis: Zur Kursentwicklung bei Aktienfonds betrachten Sie bitte die Abbildungen 18, 19 und 20.

4.3.3 Gemischte Fonds

Nachdem Sie einiges über Rentenfonds und Aktienfonds gelesen haben, wollen wir uns nun den Mischfonds zuwenden. Wozu noch Mischfonds? Haben wir nicht soeben gesehen, daß selbst reine Rentenfonds durchaus auch Aktien, Optionen und Futures besitzen dürfen?
Richtig! Bei manchen Fonds könnte man sich die Zuordnung sparen. Sie legen in Aktien, Anleihen verschiedenster Art, Optionsscheinen, Optionen, Futures, Schuldscheindarlehen und sogar Investmentanteilen an. Da sucht der Anleger vielleicht auch mal vergebens nach seinem Aktienfonds, weil der inzwischen als gemischter Fonds oder Rentenfonds eingeordnet wird.

➤ *Grundsätzliches über Mischfonds*
Besser haben es da die Käufer von gemischten Fonds. Sie haben die besten

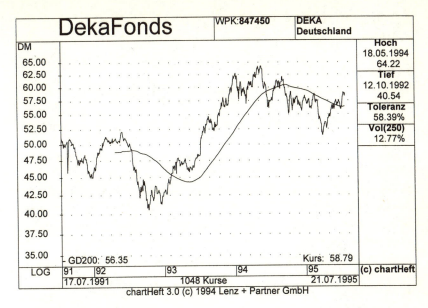

Abbildung 18: Aktienfonds (1)

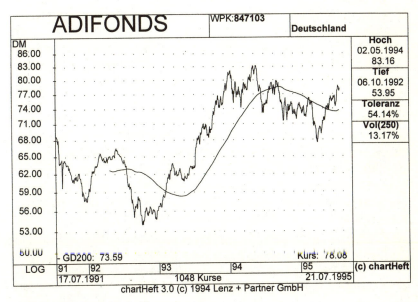

Abbildung 19: Aktienfonds (2)

Abbildung 20: Aktienfonds (3)

Karten, weil sie sowohl mit Aktien als auch mit Anleihen Geld verdienen. So dachte man jedenfalls vor Jahren noch über Mischfonds, sie galten als Geheimtip! In den letzten Jahren hat sich der Markt verändert, und die Anleger kaufen lieber klar begrenzte Produkte. Die *Wirtschaftswoche* berichtete am 23.4.1993 über die falsche Etikettierung der Mischfonds, und die Autoren Burgmaier/von Gaertringen meinten:
»Eigentlich müßten die Manager von gemischten Fonds stets am besten abschneiden, da ihnen die weiter gefaßten Anlagevorschriften einen größeren Spielraum geben als den reinen Aktien- und Rentenfonds.«
Schließlich können sich Mischfonds auf die Märkte mit den größten Chancen konzentrieren und müssen keine Rücksicht auf Gewichtung oder Länderanteile nehmen. Die Praxis sieht dagegen oft anders aus. Um erfolgreich sein zu können, müssen Mischfondsmanager Mut zum schnellen Wechsel haben, gehen aber meist Kompromisse ein. Dieses halbherzige Handeln bringt natürlich keine berauschende Rendite.
Pech für Mischfonds ist auch, daß die Renditen solcher Fonds in den letzten drei Jahren sogar von den »lahmen« Rentenfonds übertroffen wurden. Nur Aktienfonds verloren noch mehr Geld.

➤ **Wann sollten Sie Mischfonds kaufen?**
Eine feste Regel gibt es natürlich nicht. Wie immer sind Ihre persönliche Risikobereitschaft und Ihre Anlageerwartung entscheidend. Aber Orientierungshilfen sind erlaubt:
- Wer möglichst feste Renditen sucht und die Sicherheit des Kapitals an oberste Stelle rückt, für den sind Rentenfonds ideal.
- Wer hohes Wachstum seines Kapitals erwartet, daher etwas höhere Risiken akzeptiert und eine möglichst hohe Rendite für sein Geld erwartet, der liegt bei Aktienfonds nicht schlecht.
- Wenn Sie sich nicht entscheiden können, zu welchem Typ Sie gehören, dann ist der Mischfonds die richtige Anlageform für Sie.

Ein weiterer Vorteil der Mischfonds ist darin zu sehen, daß Sie nicht in Zeiten, in denen Aktien besonders gut laufen, Ihre Rentenfonds verkaufen und in Aktienfonds umtauschen müssen. Und umgekehrt: Läuft's am Aktienmarkt nicht mehr, müssen Sie Ihre Anteile nicht erst in Rentenfondsanteile umtauschen.

Das Fondsmanagement wechselt für Sie die Zugpferde und entscheidet für Sie, wie Ihre Anlageziele am besten zu erreichen sind.

4.3.4 Optionsscheinfonds

Wenn Sie es gern etwas spannender haben wollen, dann kann ich Ihnen Optionsscheinfonds anbieten. Bei diesen Fonds wird ausschließlich oder doch zumindest überwiegend in Optionsscheine investiert. Der Anleger muß gewinnorientiert und risikofreudig sein. Er muß einfach wissen, daß sein eventuell eintretender überdurchschnittlicher Gewinn mit einem erheblich höheren Risiko erkauft wird.

➤ **Zur Information**
Optionsscheine stellen lediglich ein Recht dar. Der Optionsscheininhaber hat während der Laufzeit (fünf und mehr Jahre) das Recht, zum Bezugspreis Aktien des Unternehmens zu erwerben. Das macht natürlich nur Sinn, wenn der dann aktuelle Aktienkurs über dem Bezugspreis (zuzüglich des Preises für den Optionsschein) liegt.

➤ **Ein Beispiel**
Sie kaufen einen Optionsschein auf Daimler mit einem Bezugspreis (Basis) von 600 DM. Sie zahlen für den Schein 100 DM und haben das Recht, ei-

ne Aktie je Optionsschein zu erwerben. Wenn Sie das Recht ausüben wollen, kostet Sie die Daimler-Aktie insgesamt 700 DM. Nur wenn der Kurs darüber liegt, ist das ein Geschäft!

Sie sehen, Optionsscheine sind ein heißes Geschäft, bringen aber eine Superrendite. Wer sich auskennt und die Risiken einzuschätzen weiß, kann viel Geld dabei verdienen. Das Fondsmanagement Ihres Optionsscheinfonds (OS-Fonds) muß hier besonders gut sein und auch noch eine gehörige Portion Glück mitbringen. Für eine Altersvorsorge sind diese Fonds nur begrenzt nützlich. Vielleicht als spekulative Beimischung, wenn Sie ansonsten nur Rentenfonds gekauft haben.

- *Tip: Halten Sie den prozentualen Anteil eines OS-Fonds am Gesamtdepot möglichst gering!*

Lassen Sie mich noch einige Anmerkungen machen: Wie ich schon an anderer Stelle ausführte, läßt sich das Können eines Fondsmanagements über einen so kurzen Zeitraum wie zwölf Monate an der Performance (Erfolg, Rendite) nicht realistisch messen. Andererseits gibt es keinen Grund, warum das Ergebnis nicht auch im nächsten Jahr erreicht werden kann.

Doch lassen Sie uns realistisch sein! Selten kann ein hervorragendes Ergebnis unbegrenzt wiederholt werden. Ständig ändern sich die Märkte, die Situationen und – natürlich – auch die Menschen und ihre Erwartungen. Machen Sie daher ein herausragendes Ergebnis nicht zur Richtschnur bei der Auswahl Ihres nächsten Fonds. Streuen Sie Ihr Kapital, und mindern Sie damit Ihre Risiken. Dann werden sie am Ende immer noch ein ausgezeichnetes Ergebnis vorzeigen können.

- *Nur wenn Sie die hohen Risiken, die mit dieser Fondsart verbunden sind, tragen können, sollten Sie Optionsscheine kaufen. Da sie enorm an Wert verlieren können, sind sie nur als Beimischung für Ihr Depot geeignet!*

4.3.5 Immobilienfonds

Die Sorge vor einer galoppierenden Inflationsrate veranlaßt Anleger, ihr Geld in Immobilien zu stecken. Aber das kann es nicht allein sein, denn auch bei Immobilien kann sich die Rendite sehen lassen. Sicher: Für den Kauf einer Immobilie benötigen Sie in der Regel einen größeren Geldbetrag. Wer nicht über das erforderliche Kapital verfügt, kann sich über Immobilienfonds an diesem Markt beteiligen. Damit Sie einen Eindruck von der Größe dieses Marktes erhalten, genügt ein Blick auf das Volumen der verwalteten Gelder: Die 14 offenen Immobilienfonds verfügen über ein Kapital von über 32 Milliarden DM. Beeindruckt?

➤ Unterschiede bei Immobilienfonds
Bevor wir uns an dieser Stelle näher mit der Größe der Fonds und ihren Erfolgen befassen, muß noch der Hauptunterschied bei den Immobilienfonds besprochen werden. Wir unterscheiden – wie bereits erwähnt – zwischen offenen und geschlossenen Fonds.

➤ Geschlossene Immobilienfonds
Der geschlossene Immobilienfonds ist ein seit Jahren etabliertes Bankprodukt. Wesentliche Merkmale dieser Fondsart sind:

- *Die Immobilien des Fonds sind bekannt. Sie werden in einem Prospekt genau beschrieben und sind nicht austauschbar.*
- *Der Investitionsplan und der Finanzierungsplan sind vorgegeben. Das Investitionsvolumen liegt damit auch fest.*
- *Das für das Vorhaben benötigte Eigenkapital wird öffentlich zur Zeichnung angeboten (der Kauf von Anteilen wird angeboten) und der Fonds bei Erreichen des Volumens geschlossen.*

Der Grundgedanke bei dieser Konstruktion ist darin zu sehen, daß der Anleger wirtschaftlich und steuerlich einem direkten Immobilienbesitzer gleichgestellt wird. Überwiegendes Motiv für den Kauf solcher Anteile war und ist jedoch ausschließlich in der Wahrnehmung eines Steuervorteils (Abschreibungsmodell) zu sehen.

So finden sich die meisten Kunden unter den Beziehern höherer Einkommen oder unter vermögender Privatkundschaft. Da der überwiegende Teil dieser Anleger oft schon Immobilien zur Eigennutzung besitzt, werden gewerbliche Objekte an diese Zielgruppe am besten verkauft.

➤ Vorteile
Diese Anlageform paßt hervorragend zu den Bedürfnissen von Investoren, die
- *über ein hohes Einkommen und anlagesuchendes Kapital verfügen,*
- *eine auch unter langfristigen Aspekten im Wert gesicherte und hoch rentierende Vermögensanlage bevorzugen,*
- *über kurzfristig am Konsum orientierte Sparziele hinaus an Zukunftssicherung und/oder Altersvorsorge denken,*
- *bezüglich der Erbschafts- und Schenkungssteuer eine möglichst steuerunschädliche Übertragung im Erbschaftsfall wünschen,*

- *steuerliche Vorteile der Einkunftsart »Vermietung und Verpachtung« nutzen wollen,*
- *an Ersparnisse bei der Vermögenssteuer denken,*
- *durch Teilfinanzierung die Rendite erhöhen wollen.*

➤ **Nachteile**
- *Schlechte Handelbarkeit:* An erster Stelle steht die schlechte Handelbarkeit der Anteile. Allerdings kann man bei manchen Gesellschaften recht rasch zu seinem Geld kommen.
- *Langfristige Anlage:* Da bei einem geschlossenen Immobilienfonds immer auch steuerliche Überlegungen von Bedeutung sind, sollte man diese Fondsart als ein besonders langfristiges Investment ansehen.
- *Komplizierte Anlageform:* Nur ein gut ausgebildeter Anlageberater kann Ihnen den für Sie passenden Fonds vorschlagen.

Wer eine Altersvorsorge aufbauen will, sollte lieber einen Bogen um diese Fonds machen. Ein Beispiel soll dies verdeutlichen:
Nach der Wende und der Wiedervereinigung Deutschlands wurden etliche Gewerbeobjekte in Ostdeutschland aus dem Boden gestampft. Die Euphorie der Initiatoren sollte auf die Geldgeber überspringen und für einen ungeahnten Bauboom sorgen.
Eines dieser Projekte war die »größte Uhr Europas«. So wurde das Bürohochhaus »Die Pyramide« in Berlin genannt. Die Fundus-Gruppe sammelte das Geld ein und kalkulierte neben hohen Mieteinnahmen auch dementsprechende Gewinne für die Investoren.
Am 8.6.1995 machte die *Wirtschaftswoche* in der Nr. 24 unter der Überschrift »Geschlossene Immobilienfonds. **Nichts zu holen**« eine ganz andere Rechnung auf. Im Text heißt es dann:
»Allein in Berlin, dem Zentrum der Immobilienkrise, stehen derzeit 300.000 Quadratmeter Bürofläche leer, und weitere 1,6 Millionen Quadratmeter sind noch im Bau. Die Preise für Neuvermietungen sind in den vergangenen zwei Jahren um 30 Prozent gefallen. Außer dem Spreebogen Plaza drängen in der Hauptstadt bereits vier weitere fertiggestellte Fondsobjekte auf den Markt und verderben die Preise. Die Initiatoren des Airport Bureau Center (ABC) brüten bereits über einem Sanierungskonzept, das Bic und die Pyramide stehen weitgehend leer.«
Wie in den Jahren vorher schon wurden die Großprojekte durch Privatanleger finanziert, die man mit zum Teil abenteuerlichen »Stories« zum Steuersparen animiert hatte. Neben den hohen Steuervorteilen sollten

dann später noch lukrative Ausschüttungen erfolgen. Das sonst sich im Rahmen von jährlich etwa vier Milliarden DM bewegende Zeichnungsvolumen bei neuen Projekten stieg urplötzlich auf mehr als neun Milliarden DM pro Jahr. Reingefallen? Tatsächlich rechnen viele Anleger nun mit hohen Verlusten, geplatzten Ausschüttungen, Zwangsversteigerungen und einem ordentlichen Wertverfall.

➤ *Fazit*
Diese Fonds kann man wohl kaum als eine für die Altersvorsorge geeignete Anlageform bezeichnen. Sämtliche Planungsdaten stellen sich nun als überzogen, geschönt oder einfach falsch heraus. Der Anleger wird's schon richten, scheint man in den Zentralen der Fondsgesellschaften zu denken. Die Gesellschaften haben schließlich ihre Schäflein bereits im Trockenen. Bevor Sie Geld in einen geschlossenen Immobilienfonds investieren, sollten Sie das Angebot auf Herz und Nieren prüfen. Die *Checkliste* für geschlossene Immobilienfonds hilft Ihnen, die gröbsten Fehler zu vermeiden. Wenn Sie nicht alle Fragen mit »Ja« beantworten können, sollten Sie es lieber lassen. Aber auch wenn Sie alle Fragen guten Gewissens mit »Ja« beantworten können, ist das allein noch keine Garantie für den Anlageerfolg.

Checkliste für geschlossene Immobilienfonds

1. Handelt es sich um einen seriösen und kompetenten Anbieter? ☐ Ja ☐ Nein
2. Hat er bereits mit Erfolg ähnliche Projekte plaziert? ☐ Ja ☐ Nein
3. Ist er so bekannt, daß er einen guten Ruf zu verlieren hätte? ☐ Ja ☐ Nein
4. Unterhält der Anbieter einen Zweitmarkt für diese Fondsanteile? ☐ Ja ☐ Nein
5. Gibt es diesen Zweitmarkt schon länger? ☐ Ja ☐ Nein
6. Ist der Standort der Immobilie Ihrer Meinung nach auch zukunftssicher? ☐ Ja ☐ Nein
7. Informiert Sie der Prospekt über alle Fakten des Objektes? ☐ Ja ☐ Nein
8. Kommen Ihnen die Angaben und Berechnungen realistisch vor? ☐ Ja ☐ Nein
9. Ist die Vermietung der/des Objekte/s gewährleistet? ☐ Ja ☐ Nein

10. Ist die Miete an einen Index gebunden, so daß sie als wertgeschützt (inflationssicher) betrachtet werden kann? ☐ Ja ☐ Nein
11. Werden die Risiken im Prospekt verständlich dargestellt, und deckt sich die Aussage Ihres Beraters damit? ☐ Ja ☐ Nein
12. Sind die Prognoseberechnungen glaubhaft, wurden realistische Darlehenskonditionen, Mieteinnahmen und Inflationsraten verwendet? ☐ Ja ☐ Nein
13. Sind die Steuervorteile zu erhalten, keine Unsicherheiten bezüglich der Anerkennung durch das Finanzamt? ☐ Ja ☐ Nein
14. Stimmt die Rendite auch noch, wenn Sondervorteile der Anfangsphase wegfallen? ☐ Ja ☐ Nein

➤ Offene Immobilienfonds

Im Gegensatz zu den geschlossenen Immobilienfonds ist das Volumen der offenen Immobilienfonds nicht begrenzt. Jederzeit können neue Anleger »einsteigen« und sich, wie es in einer Werbeschrift der Arbeitsgemeinschaft Offener Immobilienfonds heißt, *ein Stück Bürohaus für 100 Mark* kaufen. Auch wenn der Anleger den Fonds den Rücken kehren will, trifft er auf keine Probleme. Die Fondsgesellschaften der offenen Immobilienfonds sind nämlich verpflichtet, jederzeit die Anteilscheine der Anleger zum aktuellen Wert zurückzunehmen.

Und so funktioniert das Ganze: Der Anleger stellt der Fondsgesellschaft einen bestimmten Geldbetrag zur Verfügung und erhält dafür ein Zertifikat. Mit diesem Zertifikat ist er automatisch »Miteigentümer« zu Bruchteilen an einem Einkaufszentrum, einem Bürohochhaus oder an einer Tankstelle. Und erhält die Fondsgesellschaft immer mehr Kapital, dann geht sie einfach »shopping« und kauft für ihre Anleger noch weitere Objekte hinzu.

Fassen wir die Vorteile zusammen:
- *Hohe Sicherheit durch die Wertbeständigkeit von Haus- und Grundbesitz und durch strenge gesetzliche Bestimmungen.*
- *Hohe Rendite mit Steuervorteil.*
- *Kontinuierliche Aufwärtsentwicklung der Erträge und der Anteilspreise.*
- *Problemlose Anteilsrückgabe durch Rücknahmeverpflichtung der Fondsgesellschaft.*

- Kostengünstige Einrichtung eines Depots bei der Fondsgesellschaft.
- Keine Einzahlungsverpflichtung und Kontoauszug nach jeder Einzahlung.
- Vorteile gegenüber dem direkten Kauf von Immobilien, da sie sich weder um Makler, Bauämter oder Architekten und Baufirmen/Bauträger kümmern müssen.

Anmerkungen zu einzelnen Punkten:
- Die <u>Performance</u> setzt sich aus dem Wertzuwachs der Anteile und der jährlichen Ausschüttung zusammen.
- Der <u>Steuervorteil</u> entsteht durch den aus der Immobilienanlage erwirtschafteten Wertzuwachs, der unter Berücksichtigung der Spekulationsfrist steuerfrei bleibt. Wer übrigens die Freibeträge von 6.100 DM für Alleinstehende und 12.200 DM für zusammenveranlagte Ehegatten nicht überschreitet, kann die gesamte Ausschüttung einkommensteuerfrei kassieren.

Nach soviel Information sind Sie neugierig, ob sich diese Fonds denn nun auch für eine Altersvorsorge eignen? Leider muß ich Ihnen abraten! Die Renditen sind ausgesprochen schwächlich und können locker von einfachen Anleihen und anderen Fonds überboten werden. Trotzdem war diese Information wichtig für Sie, denn nun können Sie jedem »wohlmeinenden Berater« gleich eine Abfuhr erteilen, wenn er Ihnen in den schönsten Farben die Vorteile eines solchen Fonds darstellt. Wahrscheinlich erhält er eine besonders hohe Provision für jeden Abschluß!

➤ Wann Sie Immobilienfonds kaufen sollten

Grundsätzlich gilt: Immer wenn Ihnen Aktien oder Anleihen nicht sicher genug erscheinen, sollten Sie Immobilienfonds erwerben. Steigt zum Beispiel die Inflationsrate an, dann werden Sie an den Erträgen Ihrer Anleihen keine große Freude haben. Die Inflation frißt den Profit! Auch Aktien sind dann gefährdet und bieten keinen automatischen Schutz vor dem Inflationsmonster.
Wichtig ist meiner Meinung nach dabei, daß Sie die Verhältnismäßigkeit nicht aus den Augen verlieren. Es macht keinen Sinn, wegen der Inflation alles in Immobilien zu stecken. Sie sind im Falle eines Falles nur sehr schwer zu Geld zu machen. Bei Fondsanteilen ist das Risiko weniger groß. Aber wenn alle ihr Geld haben wollen, gerät der Immobilienmarkt unter Druck, und der Erlös kann deutlich geringer ausfallen. Mit anderen Worten: Sie verlieren Geld!

Deshalb also nochmals der Tip: Investieren Sie nicht Ihr gesamtes Vermögen in einen oder mehrere Immobilienfonds. Eine gesunde Mischung (maximal 25 Prozent Immobilienfonds im Depot) gibt Ihnen schon reichlich Schutz vor der Inflation.
- *Wenn Sie aber Fonds suchen, um damit Ihre Altersvorsorge aufzubauen, kann ich Ihnen von offenen Immobilienfonds nur abraten!*

Um mit diesen Fonds richtig Geld verdienen zu können, müssen Sie sich auf dem Sektor sehr gut auskennen oder von einem exzellenten Berater geführt werden. Die Verschiedenartigkeit der Anlagen und der im Fonds enthaltenen Objekte erschwert es dem »Nur«-Anleger, sich einen Überblick zu verschaffen und seine Entscheidung an Fakten zu orientieren.

4.3.6 Umbrella-Fonds und Dach-Fonds

Die Steuergesetzgebung in Großbritannien führte 1984 dazu, daß die Investmentgesellschaften sogenannte **Umbrella-Fonds** einrichteten. Darunter versteht man eine Vielzahl verschiedener Unterfonds eines Oberfonds. Innerhalb dieser »Fonds-Familie« kann der Investor von einem in den anderen Fonds »switchen« (wechseln), ohne den sonst bei jedem Kauf fällig werdenden Ausgabeaufschlag zahlen zu müssen.

Und der britische Anleger mußte für die Erträge keine Steuern zahlen, weil er nur Umschichtungen seines Vermögens innerhalb des Depots vornahm! Inzwischen ist das alles Schnee von gestern, die geänderten Steuergesetze haben diesen Vorteil abgeschafft.

In Deutschland sind Kursgewinne nach der Spekulationsfrist von sechs Monaten ohnehin steuerfrei, da machten spezielle Umbrella-Fonds keinen Sinn. Unter dem Aspekt des kostengünstigen Wechsels von einem in den anderen Fonds haben sie allerdings auch hierzulande Liebhaber gefunden. Wer selber weiß, wann er von Aktien auf Renten wechseln sollte und welche Gewichtung er seinem Vermögen geben will, der kann bei **Umbrella-Fonds** zwischen den Fonds switchen und zahlt bei manchen Fonds ein Prozent Bearbeitungsgebühr, bei anderen wiederum ist der Wechsel kostenlos möglich. Fragen Sie danach!

Eine ganz andere Konstruktion stellen die sogenannten Dach-Fonds dar. Unter **Dach-Fonds** versteht man Fonds, die selbst in offene oder geschlossene Investmentfonds investieren. Der angelsächsische Begriff

»Funds-of-Funds« beschreibt die Investmentstrategie. Der Vorteil liegt sicherlich darin, daß der Fondsmanager aus den Tausenden von Fonds die besten aussucht und sie seinem Fonds einverleibt. Der Nachteil liegt in der höheren Kostenbelastung. So werden beim Wechsel eben doch oft Ausgabeaufschläge fällig und verteuern die ganze Geschichte, verringern die Rendite. Und auch der Anleger selbst muß einen Ausgabeaufschlag zahlen, wenn er den Dach-Fonds kauft. In Deutschland ist der Vertrieb von Dach-Fonds, die in offene Fonds investieren, untersagt.

4.3.7 No-Load-Fonds

Im vorhergehenden Kapitel ist wieder einmal deutlich geworden, daß der Ausgabeaufschlag, die Kosten beim Wechsel des Fonds und eventuell anfallende Depotgebühren auf den Ertrag einer Anlage in Investmentfonds erheblichen Einfluß haben. Um Anleger, die diese Ausgaben scheuen, dennoch für den Investmentgedanken zu gewinnen, gibt es in den USA schon seit Jahren Fonds, die keinen Aufschlag verlangen (»no-load-funds«). Dieser Gedanke nimmt auch in Deutschland Form an.
Der erste Anbieter war wie gesagt die Firma **Fonds Direkt.** Hier bestand die Möglichkeit der Rückerstattung der ohnehin niedrigen Aufschläge, wenn die Anlage über mehr als sechs Monate bestehenblieb. Das geringe Interesse der Anleger führte zur Einstellung und Auflösung der Fonds.
Nun ist das Prinzip wieder da! Und dahinter steht Spaniens zweitgrößte Bankengruppe, die **Banco Santander S.A.,** Frankfurt. Das Angebot ist beeindruckend: drei Fonds, die von **J. P. Morgan Investment** verwaltet werden, stehen zur Auswahl, der
- *T-B-S Euro Standard JPM (Aktienfonds),*
- *T-B-S Euro Rent JPM (Anleihenfonds)* und der
- *T-B-S Euro Liquid JPM (Geldmarktnaher Fonds).*

Auf die einzelnen Fonds und deren Strategien möchte ich jetzt nicht eingehen, mir geht es um den Gebührenvorteil. Diesen Vorteil können Sie jedoch nur dann erzielen, wenn Sie über ein sogenanntes T-B-S-Konto (**T**elefon-**B**ank-**S**ervice-Konto) verfügen. Voraussetzung für dieses Konto ist die Santander Visa Karte.
- *Erster Vorteil:* Sie können als Inhaber eines *T-B-S-Investmentkontos jederzeit gebührenfrei* Anteile von allen Fonds kaufen, verkaufen oder zwischen den Fonds wechseln.

- *Zweiter Vorteil:* Wenn Sie 1.000 DM oder mehr anlegen wollen, werden Ihnen keine prozentualen Ausgabeaufschläge berechnet. Sie zahlen lediglich eine feste Transaktionsgebühr von 35 DM bei Kauf oder Rückgabe Ihrer Fondsanteile. Bei einem herkömmlichen Fonds müßten Sie bei einem Aufschlag von fünf Prozent immerhin schon 50 DM berappen!
- Achtung: Die Rückgabe ist bei vielen Fonds kostenfrei. Dann wird der T-B-S-Service erst ab 1.500 DM Kaufsumme interessant.
- *Dritter Vorteil:* Wenn Sie regelmäßig per Dauerauftrag Anteile erwerben, wird nur einmal im Jahr eine Transaktionsgebühr in Höhe von 35 DM berechnet.

Klar, daß nun die Fondsgesellschaften und Banken am Zug sind, um dem Kunden ähnliche oder auch die gleiche Leistung anzubieten.

Für wen ist diese neue Dienstleistung interessant? Wer bereits über die richtige Karte verfügt (oder sie haben will) und selbst die Disposition seiner Fonds vornehmen will oder kostengünstig per Dauerauftrag ein Vermögen aufbauen möchte, gehört zur Zielgruppe!

Auch wenn Sie eine Altersvorsorge aufbauen wollen, lohnt sich der Preisvergleich. Allerdings: Die Auswahl zwischen den Fonds ist derzeit eher gering, schließlich stehen nur drei Produkte zur Auswahl.

4.4 Wie soll ich mein Geld anlegen?

Inzwischen haben Sie vielleicht schon selbst herausgefunden, welche Anlage zu Ihnen paßt und der Erfüllung Ihrer Wünsche am nächsten kommt. Damit Sie mit Ihrer Entscheidung zufrieden sind oder Ihre Idee einmal mit anderen vergleichen können, stelle ich Ihnen auf den folgenden Seiten einige Strategien vor.

4.4.1 Soll ich nur einmal anlegen?

Nur einmal anzulegen steht dann zur Debatte, wenn Sie auch das dafür notwendige Kleingeld besitzen. Sagen wir, Sie besitzen 100.000 DM. Das ist für manchen zuviel, als daß er sich selbst durch den Handel mit Aktien, Anleihen oder dergleichen um die Anlage seines Geldes kümmern will. Andererseits ist der Betrag für eine individuelle Vermögensverwaltung

durch eine Bank beispielsweise zu gering (Mindestbetrag 250.000 DM oder mehr).
Dann wird dieser Betrag sinnvollerweise zum Kauf von Anteilen *eines oder mehrerer* Fonds verwendet. Anschließend geben Sie die Anteile Ihrer Bank oder der Fondsgesellschaft zur Aufbewahrung.
Bei dieser Art der Vermögensverwaltung müssen Sie sich nicht selbst um die rechtzeitige Einreichung der Ertragsscheine kümmern. Und wenn Sie die Erträge gleich wieder anlegen lassen, erhalten Sie meist auch einen Wiederanlagerabatt.

- *Vorteil: Sie legen Ihr gesamtes Kapital gleichzeitig an und kommen von Anfang an in den Genuß der Vermögensverwaltung durch Profis. Der Ausgabeaufschlag ist bei vielen Gesellschaften geringer als bei Ansparprogrammen.*
- *Nachteil: Sinkt der Kurs der Anteile nach Ihrem Kauf, dann erleiden Sie zumindest einen Buchverlust. Unter Umständen kann es lange dauern, bevor die vorherige Höhe Ihres Vermögens wieder erreicht wird.*

4.4.2 Soll ich nach einem Plan sparen?

Wer nicht von Anfang an über einen größeren Geldbetrag verfügen kann, kommt um den Anlageplan nicht herum. Durch regelmäßige Einzahlungen kommt so über die Jahre ein erkleckliches Sümmchen zusammen.
Wenn hier von einem Plan die Rede ist, dann ist damit zunächst nicht ein bestimmter Aufbau- oder Ansparplan eines Anbieters gemeint, sondern der kontinuierliche Aufbau eines Vermögens durch regelmäßigen Kauf von Fondsanteilen. Dabei unterscheiden wir zwei Varianten.

▶ *Sparen mit einem festen Geldbetrag*
Die sinnvollste Art, Geld anzulegen, ist zweifellos das Sparen mit einem festen Geldbetrag. Sie geben Ihrer Bank den Auftrag, jeden Monat zum Beispiel für 100 DM Anteile des XYZ-Fonds zu kaufen und Ihrem Depot gutzuschreiben. Da Sie bei festen Geldbeträgen auch Bruchteile von Anteilen erhalten, wird der Geldbetrag vollständig angelegt (nicht berücksichtigt wird hier der Ausgabeaufschlag!).

Beispiel 1:

Kurswert des Anteils	Anzahl der gekauften Anteile	Anzahl der Anteile insgesamt
80	1,25	1,25
65	1,54	2,79
60	1,67	4,46
50	2	6,46

Der Anleger **A** legt in Beispiel 1 innerhalb von vier Monaten 400,- DM an und kauft dafür Anteile des XYZ-Fonds. Da er immer einen festen Betrag aufwendet, erhält er auch Bruchteile von Anteilen. Nach Ablauf der vier Monate hat er (bei sinkendem Anteilkurs) insgesamt 6,46 Anteile erworben.

Aus den einzelnen Kursen ergibt sich ein Durchschnittskurs von 255,- DM : 4 = 63,75 DM. Durch die Ausschöpfung des gesamten Geldbetrags und den Kauf von Bruchteilen kommt er auf einen Durchschnittsaufwand von 400,- : 6,46 Anteile = 61,91 DM pro Anteil. Er hat also jeden Anteil um 1,84 DM billiger gekauft. Das sind fast drei Prozent gegenüber dem Durchschnittskurs. Die Vorteile dieser **Cost-Averaging**-Methode werden damit mehr als deutlich.

➤ *Sparen durch den Kauf einer festen Anzahl von Anteilen*

Die zweite Variante beim Kauf von Fondsanteilen ist der Kauf einer festen Anzahl von Anteilen pro Monat. Sie geben Ihrer Bank oder der Fondsgesellschaft den Auftrag, jeden Monat eine bestimmte Anzahl von Fondsanteilen für Sie zu erwerben und den Kaufpreis Ihrem Bankkonto zu belasten. Damit Sie den Überblick behalten, geben Sie in dem nun folgenden Beispiel 2 den Auftrag, zu jedem 1. des Monats einen Anteil des XYZ-Fonds zu kaufen.

Beispiel 2:

Kurswert des Anteils	Anzahl der gekauften Anteile	Anzahl der Anteile insgesamt	Aufwand an Kapital
80	1	1	80
65	1	2	65
60	1	3	60
50	1	4	50

Der Anleger **B** kauft immer genau einen Anteil des XYZ-Fonds und legt im gleichen Zeitraum wie Anleger **A** 255,- DM an. Er erhält dafür vier Anteile.
Auch bei ihm liegt der Durchschnittskurs bei 63,75 DM. Diesen Kurs hat er auch bezahlen müssen.

➤ *Fazit*
Der Vorteil einer regelmäßigen Anlage mit einem festen Geldbetrag liegt darin, daß der Anleger zu günstigeren Durchschnittskosten investieren kann. Dadurch kann er den Ausgabeaufschlag ganz oder doch zumindest teilweise sparen. Auf die Bequemlichkeit dieser Form des Geldanlegens muß ich kaum hinweisen: per Dauerauftrag bei der Bank oder per Lastschrift, wenn Sie bei einer Fondsgesellschaft ein Konto eröffnen oder den **T**elefon-**B**ank-**S**ervice der Banco Santander in Anspruch nehmen wollen.

4.4.3 Weitere Pläne

Über diese Grundform hinaus haben Banken, Fondsgesellschaften und andere Anbieter auch eigene Pläne entwickelt. Eine der großen ausländischen Investmentgesellschaften ist die **Fidelity Investments** mit einer Vertretung in Frankfurt/Main. Die Gesellschaft bietet eine breitgefächerte Auswahl internationaler Aktien- und Rentenfonds an, insgesamt 23 sind vom Bundesaufsichtsamt für das Kreditwesen in Deutschland zum Vertrieb zugelassen. Daß der Anleger jederzeit zwischen den einzelnen Fonds wechseln (switchen) kann, gehört schon (fast) zur Selbstverständlichkeit bei einer guten Investmentgesellschaft.

➤ *Das Fidelity-Aufbaukonto*
Die Mindesteinlage beträgt 250 DM pro Monat, und der Betrag wird per Lastschrift von Ihrem Bankkonto abgebucht. Die Wiederanlage der Erträge erfolgt automatisch und spesenfrei. Auch die Flexibilität läßt nichts zu wünschen übrig. So können die monatlichen Zahlungen jederzeit aufgestockt, reduziert oder einem anderen Fonds neu zugeordnet werden. Und wenn der Wert der Anlage in den einzelnen Fonds mindestens 4.000 DM entspricht, können Sie Ihr Kapital umschichten, Zahlungen aussetzen oder kündigen.
Eine etwas andere Zielrichtung hat der Aufbauplan der **ADIG-Invest-**

ment, Frankfurt/Main. Charakteristisch bei diesem Plan ist der Vermögensaufbau durch den Erwerb von Wertpapiervermögen (in der Form der Fondsanteile) in Verbindung mit einer kostengünstigen Risikolebensversicherung.

➤ *Der ADIG-Aufbauplan*

Der ADIG-Aufbauplan setzt voll auf die Versorgungslücke und bietet Versicherungsschutz von Anfang an. Natürlich gibt es auch bei anderen Gesellschaften und Banken solche oder ähnliche Pläne. Die Darstellung soll nur die Idee, die dahintersteckt, verdeutlichen.

Um die Versorgungslücke schließen zu können, benötigt der zukünftige Rentner ein schönes Stück Vermögen, von dem er zehren kann. Da die wenigsten Menschen über solche Vermögen verfügen, müssen sie angespart werden.

Nehmen wir an, an der Rente, die Ihnen in 20 Jahren gezahlt werden wird, fehlen Ihnen rund 500 DM, um einen angemessenen Lebensstandard zu erhalten. Bei einer unterstellten Verzinsung von acht Prozent würde ein Kapital von rund 75.000 DM diese 500 DM »Zusatzrente« erzielen. Mit dem ADIG-Aufbauplan können Sie an diese Summe gelangen.

In unserem Beispiel gehen wir von einem Mann von 40 Jahren aus. In der monatlichen Zahlung von 345 DM ist ein monatlicher Anlagebetrag von 300 DM und der Beitrag für eine Risikolebensversicherung enthalten. Der Plan läuft über 20 Jahre, und am Ende hat der Anleger selbst 72.000 DM angespart. Während der Laufzeit des Plans war er mit 90.000 DM versichert.

Wenn er nun die 72.000 DM anlegen würde, könnte er bei der angenommenen Verzinsung von acht Prozent einen Betrag von 480 DM pro Monat erzielen. Da er sein Geld jedoch in Fondsanteile eingezahlt hat, darf er nun mit einem höheren Ertrag rechnen. Vergleiche mit der Vergangenheit sind immer problematisch. Tatsächlich hat der betreffende ADIRENTA-Fonds als Aufbauplan funktioniert. Wer Mitte März 1969 damit begann, konnte im Dezember 1992 über einen Wert von 225.627 DM verfügen. Selbst eingezahlt hatte der Anleger lediglich 85.800 DM. Ein hübscher Erfolg, aber keine Garantie für die Zukunft!

4.4.4 Altersvorsorge mit Investmentfonds

Der erste Schritt zur Altersvorsorge könnte ein Aufbaukonto (wie das von Fidelity Investments) oder ein Aufbauplan (wie der von ADIG) sein. Wenn dann das Ziel erreicht ist, soll das ersparte Vermögen sinnvoll zur Verbesserung des Lebensstandards beitragen. Mit einem sogenannten Auszahlplan, der in drei Varianten zu haben ist, wird dies möglich.

▶ *Zweiteinkommen plus Substanzerhaltung*
Das erste Beispiel geht davon aus, daß Ihnen aus einer Lebensversicherung, einem Aufbaukonto oder einem Aufbauplan ein Betrag von 60.000 DM zufließt. Sie benötigen einen Betrag von 350 DM monatlich zu Ihrer Rente und vereinbaren deshalb eine Entnahme von sieben Prozent jährlich. Dies ist übrigens ein bewährter Mittelwert, den auch die Investmentgesellschaften empfehlen.
Warum? Wie die Vergangenheit gezeigt hat, übersteigt der Ertrag einer Fondsanlage meist die 7-Prozent-Hürde, so daß der Erhalt des Kapitals damit sichergestellt wird. Die Auszahlungshöhe können Sie natürlich jederzeit ändern, Flexibilität hat oberste Priorität!

▶ *Verbrauch der Erträge plus Substanzerhaltung*
Bei der zweiten Variante vereinbaren Sie die Auszahlung der jährlich erzielten Erträge. Damit verfügen Sie zwar nur über ein schwankendes Einkommen, erhalten aber garantiert die Vermögenssubstanz. Wenn Sie beispielsweise Ende 1982 den Betrag von 60.000 DM in Anteile des ADIRENTA angelegt hätten, wären Ihnen in der Zeit bis 1992 jährlich zwischen 3.700 DM (monatlich 308 DM) und 5.000 DM (monatlich 416 DM) ausgezahlt worden. Auch ein gutes Ergebnis!

▶ *Planmäßige Aufzehrung des Vermögens*
Sie haben am Anfang Ihres Rentnerdaseins einen größeren Kapitalbedarf, weil Sie zum Beispiel eine Weltreise planen oder einfach mehr Geld ausgeben wollen? Dann können Sie einen Auszahlungsplan vereinbaren, bei dem auch das Kapital nach und nach mit ausgezahlt wird.
Bei einem »Start«kapital von 60.000 DM und einer monatlichen Auszahlung von 750 DM wären nach acht Jahren Kapital und Erträge bis auf einen kleinen Betrag verbraucht. Dieses Beispiel bezieht sich auf die Zeit von 1984 bis 1992 und auf einen Fonds wie den ADIRENTA. Wenn Sie wissen, daß Sie nach dem Ablauf des Auszahlplans mit Ihrer Rente auskommen, ist dies die richtige Alternative für Sie!

4.4.5 Am Anfang waren es nur 936 DM

Sie lesen täglich in den Zeitungen, daß sich die Steuerbelastung der Bundesbürger in schwindelerregende Höhen steigert. Warum also nicht auch von gesetzlichen Vergünstigungen profitieren? Der Schlüssel zu diesem »gerechten« Ausgleich liegt im 936-DM-Gesetz über **V**ermögenswirksame **L**eistungen (VL). Mit diesem Gesetz wird die Kapitalanlage in Aktien oder Aktienfonds mit einer Sparzulage gefördert.
Leider ist der Zugang zu den VL und der Sparzulage von maximal 20 Prozent an gewisse Voraussetzungen gebunden. Sie dürfen nämlich nicht zuviel verdienen, und die VL müssen Bestandteil Ihres Arbeitsvertrages, der Betriebsvereinbarung oder des Tarifvertrages sein. In der nachfolgenden Tabelle können Sie den für Sie maßgebenden Betrag nachlesen (Quelle: ADIG Investment/936 Mark/Stand 1993).
Bei dieser Tabelle wurden allgemeine Pauschalen und Freibeträge von Arbeitnehmern berücksichtigt. Das Bruttogehalt kann bei zusätzlichen Werbungskosten und der Wohneigentumsförderung nach § 10e ESTG sowie bei bestimmten persönlichen Verhältnissen noch erheblich höher liegen.

	zu versteuerndes Einkommen	entspricht einem Bruttogehalt von
Alleinstehend		
ohne Kind	27.000,– DM	32.618,– DM
mit 1 Kind	27.000,– DM	39.746,– DM
mit 2 Kindern	27.000,– DM	41.258,– DM
mit 3 Kindern	27.000,– DM	42.770,– DM
Verheiratet		
ohne Kind	54.000,– DM	63.236,– DM
mit 1 Kind	54.000,– DM	66.260,– DM
mit 2 Kindern	54.000,– DM	69.284,– DM
mit 3 Kindern	54.000,– DM	72.308,– DM
2 Arbeitnehmer		
Alleinstehend ohne Kind	51.000,– DM	65.236,– DM
mit 1 Kind	54.000,– DM	68.260,– DM
mit 2 Kindern	54.000,– DM	71.284,– DM
mit 3 Kindern	54.000,– DM	74.308,– DM

Und so funktioniert's: Sie eröffnen bei Ihrer Bank ein VL-Aufbaukonto und teilen dies Ihrem Arbeitgeber mit. Der überweist sechs Jahre lang monatlich 78 DM als vermögenswirksame Leistung, insgesamt also 936 DM. Nach Ablauf dieser sechs Jahre bleibt das Kapital noch bis zu einem Jahr festgelegt.

Und hier noch ein Bonbon für die Besserverdienenden: Selbst wenn Ihr Einkommen die oben aufgeführten Grenzen übersteigt, kann Ihr Arbeitgeber für Sie vermögenswirksam anlegen. Allerdings erhalten Sie dann nur die Arbeitgeberbeteiligung (die je nach Branche bis zu 78 DM monatlich betragen kann), nicht aber die Sparzulage.

4.5 Zusammenfassung

Wie Sie sehen konnten, bieten die Investmentfonds für jeden Geschmack etwas. Und mit den bisher erhaltenen Informationen könnten Sie schon die ersten eigenen Schritte für eine Altersvorsorge unternehmen. Damit Sie aber richtig Erfolg haben, sollten Sie erst noch die weiteren Kapitel abwarten und erst dann entscheiden. Am Ende des Buches erhalten Sie auch noch eine Reihe von Anlagevorschlägen, unter denen Sie bestimmt den genau für Sie passenden finden.

5 Altersvorsorge durch Wertpapiere

Wenn Sie Ihre Altersvorsorge lieber selbst in die Hand nehmen wollen, kommen Sie um die direkte Anlage in Wertpapiere nicht herum. Hier müssen Sie beweisen, daß Sie von der Geldanlage und speziell von Wertpapieren mehr als nur eine Ahnung haben. Erwarten Sie bitte nicht, daß ich Ihnen an dieser Stelle die Funktionsweise diverser Aktien- und Anlagestrategien erläutere. Wenn Sie den Kauf und Verkauf der Papiere selbst durchführen wollen, sollten Sie sich in der entsprechenden Fachliteratur umsehen und vielleicht einen der unter anderem an Volkshochschulen angebotenen »Börsen-Kurse« besuchen.

Falls sie noch nicht sicher sind, welcher Methode Sie den Vorzug geben wollen, können Sie auf den nächsten Seiten nachlesen, welche Instrumente zur Verfügung stehen und wie man sie einsetzen könnte. So können Sie sich am Ende des Buches aus den dort angebotenen Strategien die für Sie »richtige« aussuchen.

5.1 Die Ansparformen

Da nicht jedermann/-frau gleich zu Beginn einer Altersvorsorge über das entsprechende Kapital verfügt, möchte ich Ihnen zuerst die verschiedenen Ansparformen und deren Vor- und Nachteile auflisten:
- *Sparbuch,*
- *FIBOR-Sparbuch/-Konto,*
- *Festgeld/Kündigungsgeld,*
- *Sparbriefe,*
- *Bundesschatzbriefe,*
- *Pfandbriefe.*

Mit Hilfe dieser Anlagen können Sie Beträge zwischen 50 DM und 10.000 DM einfach und unproblematisch selbst anlegen. In den nachfolgenden Kapiteln erhalten Sie alle Informationen, damit Sie unabhängig vom jeweiligen Berater selbst über Ihr Geld bestimmen können.

➤ *Auswahlkriterien*
Nach welchen Gesichtspunkten sollten Sie »Ihre« Anlage aussuchen? Neben dem persönlichen Risiko-/Chancenraster ist die Rendite der Dreh- und Angelpunkt einer jeden Geldanlage. Darum gilt es zuerst einmal die Rendite zu betrachten oder zu berechnen. Die Rendite besteht aus zwei Faktoren: dem Zins und einem eventuellen Kursgewinn oder Kursverlust. Gewinn oder Verlust ergibt sich hier aus der Differenz zwischen Kaufpreis und Verkaufs- oder Rückgabepreis. Damit Sie einen einheitlichen Bewertungsmaßstab haben, werden wir nicht von Wertzuwachs, Ertrag oder Gewinn sprechen, sondern nur von der Rendite. Wie die Rendite berechnet wird, zeige ich bei jeder Anlageform an einem Beispiel.

➤ *Die einzelnen Anlageformen*
Gleichgültig, welche Anlageform Sie wählen oder nach welchen Gesichtspunkten Sie eine Geldanlage tätigen, immer stehen drei Faktoren im Vordergrund. Die Anlage soll
- *einen möglichst hohen Ertrag bringen,*
- *die größtmögliche Sicherheit bieten,*
- *kurzfristig liquide sein, damit im Bedarfsfall schnell Bargeld zur Verfügung steht.*

Bei jeder der nachfolgenden Anlageformen stelle ich Ihnen die Vor- und Nachteile vor. Bei manchen Anlagen berechnen wir die Rendite anhand eines Beispiels.

5.2 Die Sparbücher

Die Erfahrung zeigt, daß es keine Geldanlage gibt, die alle drei Wünsche erfüllt. Immer sind Kompromisse einzugehen. Daher ist es nicht verwunderlich, daß das alte Sparbuch bei den Bundesbürgern immer noch hoch im Kurs steht. Es bietet
- *ein hohes Maß an Sicherheit,*
- *die Spargelder sind kurzfristig verfügbar, und*
- *das Sparbuch ist leicht zu handhaben.*

Das Sparkonto hat sich seit Jahrzehnten bewährt, fast jeder Bundesbürger besitzt ein Sparbuch. So befanden sich Ende Juli 1993 etwa 803 Milliarden DM »auf der hohen Kante«. Gegenüber dem Vorjahr sind die Spareinlagen um 18 Milliarden DM gewachsen.

5.2.1 Das einfache Sparbuch

Aber auch bei dieser einfachen Kapitalanlage gibt es Unterschiede. Als Spareinlage gelten grundsätzlich nur unbefristet angelegte Gelder, die einer Kündigung unterliegen. Weitere Merkmale sind:
- *Für diese Gelder wird eine Urkunde (Sparbuch) erstellt.*
- *Die Guthaben auf dem Sparbuch dürfen nicht für Zwecke des Zahlungsverkehrs verwendet werden.*
- *Die Kündigungsfrist beträgt mindestens drei Monate.*
- *Es wird ein Kündigungsfreibetrag von 3.000 DM eingeräumt.*
- *Vorschußzinsen werden nicht mehr vorgeschrieben.*

Neben der Form des Sparbuches sind auch andere **Urkunden** möglich. So gibt es Sparbücher als Loseblattsammler, oder Sie erhalten wie beim Kontensparen nur einen Kontoauszug.

Bestimmte Formen des **Zahlungsverkehrs** sind dennoch möglich. Wenn Sie zum Beispiel Wertpapiere kaufen wollen, können Sie den Kaufpreis von Ihrem Sparbuch abbuchen lassen und ebenso bei Verkauf der Papiere den Erlös wieder gutschreiben lassen. Auch die Übertragung von Sparguthaben von einem auf ein anderes Sparkonto/Sparbuch des Inhabers ist bei gleicher Kündigungsfrist der Sparbücher ohne Probleme möglich.

Selbstverständlich können auch längere **Kündigungsfristen** vereinbart werden. Sie müssen jedoch nicht mehr mindestens sechs Monate betragen und mit einer Kündigungssperrfrist verbunden sein. Allerdings können Kündigungssperrfristen auch weiterhin vertraglich vereinbart werden.

Der **Kündigungsfreibetrag** ist keinesfalls gesetzlich geregelt. Dennoch hat es sich inzwischen eingespielt, daß Sie bei allen Banken innerhalb eines Kalendermonats einen Betrag von 3.000 DM ohne Kündigung von Ihrem Sparbuch abheben können. Innerhalb eines Kalendermonats heißt, daß Sie am 31. März 3.000 DM abheben können und am 1. April erneut über 3.000 DM verfügen können, ohne Vorschußzinsen zahlen zu müssen.

Vorschußzinsen wurden bisher immer dann erhoben, wenn der Anleger einen Betrag, der größer war als der Kündigungsfreibetrag, ohne vorherige Kündigung abhob. Der Anleger wurde dann mit einem Viertel des Guthabenzinssatzes für den Zeitraum bis zum Ablauf der Kündigungsfrist »bestraft«.

Ein Beispiel. Der Kunde hebt von seinem Sparbuch 11.000 DM ohne vorherige Kündigung ab. Die Kündigungsfrist beträgt drei Monate, das Sparguthaben wird mit vier Prozent verzinst. Da er über 3.000 DM frei verfügen darf, werden nur für die restlichen 8.000 DM Vorschußzinsen berechnet. Sie betragen ein Prozent (ein Viertel von den vier Prozent Sparbuchzins) für den Zeitraum von 90 Tagen (drei Monate Kündigungsfrist). Dem Kunden werden daher 20 DM abgezogen!

Die Sparkassen behalten sich in ihren Geschäftsbedingungen auch weiterhin das Recht auf Vorschußzinsberechnung vor. Die meisten anderen Banken verzichten darauf. Allerdings gab es schon immer, auch bei den Sparkassen, einige Ausnahmen. So wurde bei wirtschaftlicher Notlage, bei Wohnungswechsel oder wenn der Sparer stirbt auf die Einbehaltung von Vorschußzinsen verzichtet.

➤ *Vorteile*
- *Höchstmaß an Sicherheit. So schützt der Einlagensicherungsfonds des privaten Bankgewerbes jede Einlage von Kunden bis zur Höhe von 30 Prozent des haftenden Eigenkapitals der jeweiligen Bank.*
- *Kurzfristige Verfügbarkeit, da 3.000 DM pro Kalendermonat auch ohne Kündigung abgehoben werden können.*
- *Verfügung durch Vorlage des Sparbuches.*

➤ *Nachteile*
- *Geringe Verzinsung, meist unter der Inflationsrate (Geldentwertung).*
- *Abhebung größerer Beträge (über 3.000 DM pro Kalendermonat) wird oft mit der Einbehaltung von Vorschußzinsen »bestraft«.*
- *Verlustrisiko durch Verbriefung des Guthabens im Sparbuch.*

➤ **Tip:** Vergleichen Sie die Sparbücher der verschiedenen Banken miteinander!

5.2.2 FIBOR-Sparbuch/-Konto

Neben dem oben beschriebenen Sparbuch »Marke einfach« bieten die Banken und Sparkassen auch Bücher mit längeren Kündigungsfristen und einer entsprechend höheren Verzinsung an. Hier gilt:
- *Je länger die Kündigungsfrist, desto höher die Verzinsung!*

Aber auch mit diesen Sonderangeboten sollte sich der ernsthafte Geldanleger nicht begnügen. Seit kurzem werden von vielen Banken Sparbücher mit noch höherer Verzinsung angeboten: die FIBOR-Sparbücher oder FIBOR-Sparkonten. Hinter dem Kürzel FIBOR steckt der Zinssatz für den

Geldhandel unter den Banken. Er wird auch als Interbankenzinssatz bezeichnet und heißt ausgeschrieben **F**rankfurt **I**nter**B**ank **O**ffered **R**ate. Dieser Zinssatz wird bankarbeitstäglich berechnet. Einer Zentralstelle melden die teilnehmenden Banken den Zinssatz, zu dem sie bereit sind, Geld an andere Banken zu verborgen. Der höchste und der niedrigste Zins werden gestrichen, dann der Durchschnitt gebildet. Der FIBOR-Zinssatz wird täglich veröffentlicht.

Ein Beispiel: Der FIBOR für eine Laufzeit von drei Monaten betrug 1991 rund 9,50 Prozent. Der Zins für Sparbücher mit dreimonatiger Kündigungsfrist lag dagegen bei nur 3 Prozent.

Das ist schon ein Unterschied, nicht wahr? Und so funktioniert das FIBOR-Sparen. Bei manchen Banken legen Sie Ihr Geld auf ein spezielles Sparbuch, bei anderen richtet man Ihnen ein Kündigungsgeldkonto ein. In beiden Fällen ist die Verzinsung Ihres Kapitals vom FIBOR-Satz abhängig. In einem vorher festgelegten Rhythmus (monatlich oder alle drei Monate) wird der Zins für Ihr Spargeld neu festgelegt.

Allerdings erhalten Sie nicht den vollen FIBOR-Zins, sondern nur 80 bis 90 Prozent davon. Liegt der FIBOR also bei 9,50 Prozent, dann wird bei Ihrem Sparbuch ein Zinssatz von 7,60 bis 8,55 Prozent berechnet. Die Differenz benötigt die Bank als Gewinnmarge und für die Mindestreserve, die sie bei der Deutschen Bundesbank unterhalten muß. Aber nicht alle FIBOR-Sparbücher sind gleich. Da die Bedingungen von jeder Bank individuell festgelegt werden können, gibt es große Unterschiede:

- *Mindestlaufzeit: Bei manchen Banken wird keine Festlegung für einen bestimmten Zeitraum verlangt, andere bestehen auf ein, zwei oder drei Jahren Festlegung.*
- *Kündigungsfristen: Auch hier sind die Unterschiede groß. Die Fristen schwanken zwischen sechs Monaten und drei Monaten. Bei einigen Banken sind diese Sparbücher auch täglich kündbar.*
- *Prozentsatz FIBOR: Unterschiede gibt es bei der Wahl des Zinssatzes (Drei-Monats-FIBOR/Sechs-Monats-FIBOR), der als Referenz für die Berechnung dienen soll. Aber auch bei der Verzinsung für den Anleger (80 bis 90 Prozent vom FIBOR-Satz).*
- *Mindestanlagebetrag: Ähnlich wie bei anderen Anlageformen erwarten die Banken auch beim FIBOR-Sparbuch eine Mindestanlagesumme. Sie schwankt zwischen 5.000 DM und 50.000 DM.*
- *Mindestzins: Bei manchen Banken wird dem Anleger auch ein Mindestzins angeboten. Schließlich kann der FIBOR auch stark sinken. Damit der Anle-*

ger aber eine bessere Verzinsung als beim herkömmlichen Sparbuch erhält, bietet man ihm einen Mindestzins (beispielsweise sechs Prozent bei der Berliner Volksbank).

➤ **Fallstrick:** Bei der Westfalenbank ist diese Sonderverzinsung (FIBOR-Zins und Mindestverzinsung) an die vereinbarte Laufzeit gebunden.
Braucht der Anleger nach zwei Jahren plötzlich das Geld und hatte er sich vorher für eine Laufzeit von drei Jahren festgelegt, dann wird er nur den Zinssatz für normale Spareinlagen mit dreimonatiger Kündigungsfrist erhalten.
Ein weiterer Minuspunkt ist darin zu sehen, daß FIBOR-Sparbücher nicht immer angeboten werden und für den Anleger nur dann richtig interessant sind, wenn steigende Zinsen erwartet werden.

➤ *Vorteile*
Ohne an Sicherheit zu verlieren, erhalten Sie eine erheblich höhere Verzinsung als beim »normalen« Sparbuch. Steigt der Zins, dann erhalten auch Sie in einem bestimmten Rhythmus mehr Zinsen für Ihr Geld.
➤ *Nachteile*
Durch zum Teil hohe Mindestanlagesummen kann nicht jeder Sparer von dieser Einrichtung profitieren. Durch lange Laufzeiten geht auch Flexibilität verloren. Bei sinkenden Zinsen sinkt auch der Zinssatz für den Sparer.
➤ **Tip:** Wenn Sie ohnehin Ihr Geld immer auf dem Sparbuch belassen und es voraussichtlich auch nicht so bald benötigen, kommen Sie am FIBOR-Sparbuch nicht vorbei.

5.3 Festgeld/Kündigungsgeld

Ebenfalls höhere Zinsen als beim Sparbuch erhalten Sie, wenn Sie Ihr Geld als Festgeld oder Kündigungsgeld anlegen. Während Sie beim Festgeld Ihr Kapital für einen bestimmten Zeitraum der Bank zur Verfügung stellen (drei, sechs, neun oder zwölf Monate), geben Sie es beim Kündigungsgeld unbefristet weg. In der Praxis verwischen sich die Unterschiede.
Beim Festgeld (manchmal auch Termingeld genannt) wird meist von vornherein eine Verlängerung der Anlage nach Ablauf des Zeitraums vereinbart (Prolongation). Wenn Sie Ihre Bank nicht anders informieren, wird Ihr

Kapital immer wieder zum jeweils gültigen Zinssatz erneut für zum Beispiel drei Monate angelegt.

Nur wenn Sie kündigen oder auf eine Prolongation verzichten, steht Ihnen nach Ablauf der Laufzeit Ihr Geld wieder zur Verfügung.

Beim Kündigungsgeld (manchmal auch Tagegeld genannt) handelt es sich um eine täglich kündbare Anlageform. Sie könnten also von heute auf morgen wieder über Ihr Geld verfügen. Klar, daß die Banken für so eine Flexibilität nur relativ geringe Zinsen bieten und hohe Mindestanlagesummen verlangen. Sowohl beim Festgeld als auch beim Kündigungsgeld gilt:

- Je höher die Anlagesumme, desto höher der Zins.
- Je kürzer die Festlegung (Laufzeit), desto niedriger der Zins.

Für Festgeld verlangen die Banken zwischen 5.000 DM und 10.000 DM, beim Kündigungsgeld erwarten sie mehr als 20.000 DM.

➤ **Vorteile**
- Höhere Verzinsung als beim Sparbuch.
- Geringes Risiko ähnlich dem Sparbuch.
- Durch Prolongation immer den besten Zins bei der Wiederanlage.
- Jederzeitige Verfügung beim Kündigungsgeld, etwas eingeschränkt beim Festgeld.

➤ **Nachteile**
- Zinssatz liegt meist deutlich unter dem FIBOR.
- Relativ hohe Mindestanlagesummen.
- Eingeschränkte Verfügung durch zeitliche Festlegung.
- Eventuell Vorschußzinsen bei vorzeitiger Verfügung.

➤ **Tip:** Wenn Sie noch unentschlossen sind, liegen Sie beim Festgeld mit kurzer Laufzeit richtig!

Bisher handelte es sich um Anlagemethoden, bei denen Sie nach und nach den für Ihre Altersvorsorge benötigten Betrag zusammensparen können. Aber es geht auch anders und bringt meist höhere Zinsen. Und Sparbriefe, Bundesschatzbriefe und Pfandbriefe gehören nicht zu den besonders komplizierten Anlageformen. Das können Sie selbst, Sie müssen bei Ihrer Bank nur entsprechend nachhaken.

5.4 Festverzinsliche Spareinlagen

Längere Bindungsdauer wird mit höheren Zinsen belohnt, daher erhalten Sie bei Sparbriefen und Bundesschatzbriefen einen höheren Ertrag, als dies bei Sparbüchern der herkömmlichen Art möglich wäre.

5.4.1 Die Sparbriefe

Sparbriefe sind ein Mittelding zwischen dem Sparkonto und einem festverzinslichen Wertpapier. Einerseits wird für eine bestimmte Laufzeit eine feste Verzinsung garantiert, andererseits werden sie jedoch nicht an der Börse notiert. Der Vorteil der höheren Verzinsung (höher als beim Sparbuch) wird mit dem Nachteil der längeren Laufzeit erkauft. Zusätzlich sind diese Papiere vor Ablauf der Laufzeit nur schlecht wieder in Bargeld zu verwandeln. Bei den Sparbriefen gibt es drei Varianten:
- den *abgezinsten Sparbrief,*
- den *aufgezinsten Sparbrief* und
- den *Sparbrief mit jährlicher Zinszahlung.*

Beim abgezinsten Sparbrief ermäßigt sich der Kaufpreis um die Zinsen und Zinseszinsen. Die Differenz zwischen Kaufpreis und Rückgabebetrag ist Ihr Zinsgewinn.

Ein Beispiel: Sie kaufen einen abgezinsten Sparbrief über 1.000 DM mit einer Laufzeit von vier Jahren. Bei einer Rendite von acht Prozent bezahlen Sie für den Sparbrief nur 735 DM. Während der Laufzeit erhalten Sie keine Zinszahlungen, und am Ende erhalten Sie genau 1.000 DM zurück.

Beim aufgezinsten Sparbrief zahlen Sie beim Kauf den aufgedruckten Nennwert. Die Zinsen und Zinseszinsen werden auf den Nennwert aufgeschlagen und ergeben den Rückgabepreis.

Ein Beispiel: Sie kaufen einen aufgezinsten Sparbrief über 1.000 DM mit einer Laufzeit von vier Jahren. Sie bezahlen für den Brief genau 1.000 DM. Während der Laufzeit erhalten Sie keine Zinszahlungen. Nach vier Jahren erhalten Sie genau 1.360 DM zurück. Das entspricht dem Nennwert plus Zins und Zinseszins bei einer Rendite von acht Prozent.

Beim Sparbrief mit jährlicher Zinszahlung können Sie zwischen Laufzeiten von vier, fünf oder sechs Jahren wählen. Während der Laufzeit erhalten Sie jährlich die vereinbarten Zinsen. Die Rückzahlung erfolgt zum Nennwert.

Ein Beispiel: Sie kaufen einen Sparbrief über 1.000 DM mit jährlicher Zinszahlung und einer Laufzeit von vier Jahren. Während der Laufzeit erhalten Sie jedes Jahr 80 DM auf Ihrem Konto gutgeschrieben. Das entspricht einer Verzinsung von acht Prozent. Nach vier Jahren erhalten Sie den Nennwert von 1.000 DM zurück. Für die Anlage der Zinsen, die Sie erhalten, sind Sie selbst verantwortlich.

➤ *Vorteile*
- *Bessere Verzinsung als Sparbuch oder Festgeld.*
- *Steuerliche Gestaltungsmöglichkeit durch unterschiedliche Zinszahlungsmodalitäten. So sind jährliche Zinsen auch jährlich zu versteuern. Bei auf- oder abgezinsten Papieren muß dagegen erst beim Zufluß (Rückzahlung) versteuert werden.*
- *Mindestanlagesumme 1.000 DM bis 5.000 DM.*
- *Kein Kursrisiko! Sparbriefe werden nicht an der Börse gehandelt.*

➤ *Nachteile*
- *Längere Laufzeit bindet das Kapital.*
- *Keine Rückgabe vor Ablauf der Laufzeit. Aber: Beleihung für einen Kredit möglich.*
- *Wertzuwachs nicht mit Rendite vergleichbar.*

Damit Sie Sparbriefe mit anderen Anlageformen vergleichen können, empfehle ich Ihnen die Berechnung der Rendite nach der AIBD-Formel. Diese Abkürzung steht für »Association of International Bond Dealers« und bezeichnet den internationalen Zusammenschluß von Banken und Anleihenhändlern.

$$\text{Rendite} = \left[\left(\frac{\text{Rückzahlungsbetrag}}{\text{Kaufpreis}}\right)^{\frac{1}{\text{Laufzeit}}} - 1\right] \times 100$$

Mit dieser Formel können Sie nun auch die Rendite von Sparbriefen berechnen und sie mit der Rendite anderer Instrumente vergleichen.

➤ **Tip:** Sparbriefe gibt es auch als effektive Stücke und können als Tafelgeschäft anonym erworben werden. Allerdings wird ein höherer Zinsabschlagsteuersatz berechnet!

5.4.2 Die Bundesschatzbriefe

Neben den Spezialkreditinstituten sucht auch Vater Staat nach Geldgebern. Nicht zuletzt durch die Wiedervereinigung kommen große und manchmal auch neue Aufgaben auf den Staat zu und müssen finanziert werden. Da der Steuersäckel derzeit nicht reicht, wird vom Bürger geborgt. Die vom Staat ausgegebenen Papiere sind daher aus mehreren Gesichtspunkten auch für den Privatanleger geeignet.

- *Hohe Sicherheit durch erstklassige Bonität.*
- *Kein Währungsrisiko.*
- *Keine Depotkosten bei Verwahrung durch die Bundesschuldenverwaltung (BSV) in Bad Homburg.*
- *Geringe Verkaufsspesen, wenn die BSV den Verkauf übernimmt.*
- *Geringe Mindestanlagesummen (ab 100 DM).*
- *Kein Kursrisiko, da die Rücknahmepreise garantiert werden.*

Bei den Bundesschatzbriefen unterscheiden wir zwei Arten: den Typ A und den Typ B. Für beide gilt, daß Sie über keinen festen Zins während der gesamten Laufzeit verfügen, sondern der Zins nach einem besonderen Plan von Jahr zu Jahr steigt.

Laufzeit	Nominal-Zins in %	Rendite in Prozent Typ A	Typ B
1. Jahr	5,00	5,00	5,00
2. Jahr	5,25	5,12	5,12
3. Jahr	5,50	5,24	5,25
4. Jahr	5,75	5,36	5,37
5. Jahr	6,00	5,47	5,50
6. Jahr	6,25	5,59	5,62
7. Jahr	6,25	–	5,71

- *Typ A: Diese Bundesschatzbriefe haben eine Laufzeit von sechs Jahren. Die Zinsen werden jährlich nachträglich gezahlt.*
- *Typ B: Diese Bundesschatzbriefe haben eine Laufzeit von sieben Jahren. Die Zinsen werden mit Zinseszinsen bei der Rückzahlung dem Nennwert zugeschlagen (Rückzahlungswert).*

Wiederum für beide Arten von »Bundesschätzchen« gilt, daß sie nicht an der Börse gehandelt werden. Daher sind sie auch keinem Kursrisiko ausgesetzt. Sie werden immer zum Nennwert (Typ A) oder zum Rückzahlungswert (Typ B) zurückgenommen. Allerdings kann erst ein Jahr nach Laufzeitbeginn die Rückzahlung verlangt werden. Und dann auch nur ein Betrag von maximal 10.000 DM innerhalb von 30 Zinstagen und Person. Aber das ist ja auch schon mehr als beim Sparbuch!

➤ *Vorteile*
- *Mittelfristige Kapitalanlage.*
- *Kein Kursrisiko, aber wertpapierähnliche Verzinsung.*
- *Mit kleinen Geldbeträgen am Kapitalmarkt anlegen.*
- *Kein Verlustrisiko, da keine Papiere gedruckt werden. Es handelt sich um eine Schuldbuchforderung.*
- *Beleihung möglich.*
- *Steuerstundungseffekt beim Typ B (Zuflußprinzip).*

➤ *Nachteile*
- *Allgemeines Geldwertrisiko.*
- *Bei vorzeitiger Rückgabe wird die Durchschnittsverzinsung (Rendite siehe Tabelle) nicht erreicht.*
- *Sperrfrist ein Jahr.*
- *Kein Börsenhandel.*

➤ **Tip:** Lassen Sie Ihre Bundesschatzbriefe bei der BSV verwalten und verwahren! Der Kauf von Neuemissionen und die Rückzahlung bei Endfälligkeit sind gebührenfrei. Es werden keine Depotgebühren erhoben, und die Eintragung ins Schuldbuch ist ebenfalls gebührenfrei.

5.5 Der Pfandbrief

In einem Wertpapier verbriefte Sicherheit und jederzeitige Verkaufsmöglichkeit bieten Pfandbriefe. Pfandbriefe sind »richtige« Wertpapiere. Sie bestehen aus dem Mantel und einem Bogen. Der **Mantel** verbrieft den Anspruch auf Rückzahlung des Nennwertes. Der **Bogen** beinhaltet die Zinscoupons, für die Sie bei Einlösung Ihren jährlichen Zins erhalten.
Der Ursprung der Pfandbriefe wird gern auf den Alten Fritz zurückgeführt. Er machte im 18. Jahrhundert den Pfandbrief salonfähig. Er hat bis heute nichts von seiner Attraktivität verloren. Pfandbriefe werden heutzutage von besonderen Spezialbanken ausgegeben, die das über Pfandbriefe vereinnahmte Geld wieder ausleihen. Überwiegend für Bauzwecke. Dadurch

erhält diese Anlageform eine besondere Sicherheit. Sie kann durchaus mit Sparbuch und Festgeld et cetera konkurrieren.
Bei den Laufzeiten können Sie frei wählen. An der Börse werden unterschiedliche Laufzeiten und Restlaufzeiten gehandelt. Aber auch wenn Sie sich für eine Laufzeit von zehn Jahren oder mehr entschieden haben, sind Sie keinesfalls mit den Pfandbriefen verheiratet. Sie können sie jederzeit an der Börse wieder verkaufen. Allerdings: Als Reserve für unvorhergesehene Fälle sind Pfandbriefe nicht geeignet. Da sollten Sie besser auf Ihr Sparbuch zurückgreifen. Schließlich werden bei jedem Kauf oder Verkauf über die Börse auch Gebühren und Spesen fällig. Rechnen Sie mit 0,6 oder 0,7 Prozent des Kurswertes!
Da die Zinsen alle sechs oder zwölf Monate zu bestimmten Terminen gezahlt werden, der Anleger aber auch zwischen den Zinsterminen Pfandbriefe kauft oder verkauft, müssen Stückzinsen berechnet werden.
Ein Beispiel: Zahltermin für den Zins ist der 15. Juni, der Zins wird jährlich nachträglich gezahlt. Der Käufer erwirbt den Pfandbrief über die Börse am 15. Januar. Mit dem Mantel erhält er auch den Zinscoupon für den Zeitraum 16. Juni des Vorjahres bis 15. Juni dieses Jahres. Der Verkäufer hat aber noch Anspruch auf den Zins für den Zeitraum zwischen dem letzten Zinszahlungstermin und dem Verkauf des Pfandbriefes. Der Käufer muß dem Verkäufer daher die Zinsen für den Zeitraum zusätzlich zum Kaufpreis zahlen.
Wenn auch Pfandbriefe börsennotierte Papiere sind: vor Kursschwankungen brauchen Sie keine Angst zu haben. Nur wenn Sie vor Ablauf der Laufzeit verkaufen wollen, laufen Sie Gefahr, nur den aktuellen Kurswert zu erhalten. Der kann allerdings bei stark gestiegenen Zinsen erheblich unter Ihrem Kaufpreis liegen.
Aber diese Situation hat auch Vorteile. So können Sie auch Pfandbriefe unter dem Nennwert kaufen. Steuerlich ein interessanter Gedanke, da Sie nur den Zins, nicht aber einen Kursgewinn versteuern müssen. Voraussetzung ist, daß Sie das Papier länger als sechs Monate gehalten haben!

➤ **Vorteile**
- *Jederzeitiger Verkauf über die Börse.*
- *Hohe Verzinsung durch lange Laufzeiten.*
- *Hohe Sicherheit, da durch Grundschulden et cetera abgesichert.*
- *Kursgewinne möglich.*
- *Kleine Stückelung, schon ab 100 DM Nennwert.*

➤ **Nachteile**
- Kursschwankungen durch Börsennotierung.
- Gebühren und Spesen durch Börsenhandel.
- Stückzinszahlung.

Damit Sie die Pfandbriefe mit anderen Anlagen vergleichen können, sollten Sie die Rendite mit folgender Formel berechnen:

$$\left(\frac{\text{Zinssatz} \times 100}{\text{Kaufkurs}}\right) + \left(\frac{\text{Disagio}}{\text{Laufzeit}} \times \frac{}{\text{Kaufkurs}}\right) = \text{Rendite}$$

Mit Disagio wird der Differenzbetrag zwischen dem Kaufkurs und dem Nennwert bezeichnet. So können Sie einen anderen Kaufkurs als den Nennwert in die Rendite einfließen lassen.

Ein niedriger Kaufkurs (unter pari/unter 100 Prozent) läßt die Rendite *über* den Couponzins steigen. Ein höherer Kaufkurs (über pari/mehr als 100 Prozent) läßt die Rendite *unter* den Couponzins sinken.

➤ **Tip:** Beim Ersterwerb einer neuen Emission von Pfandbriefen können Sie zum Emissionspreis kaufen. Es fallen keine Gebühren oder Spesen an.

5.6 Das selbstverwaltete Depot

Nachdem Sie die ersten Schritte als erfolgreicher Anleger hinter sich gebracht haben und sich nun bei Sparbüchern, Sparbriefen und dergleichen etwas auskennen, können Sie sich jetzt den anspruchsvolleren Anlageformen zuwenden. Sie haben richtig gelesen! Anspruchsvoller sind Aktien und Anleihen auf jeden Fall, denn sie beanspruchen bedeutend mehr Ihrer kostbaren Zeit. Bei Anleihen sind Faktoren wie Bonität, Rendite über die Laufzeit oder Kurswert von Bedeutung. Bei Aktien fallen die Ertragsaussichten des Unternehmens, die bisherigen Gewinne oder die Erwartung der Börsenteilnehmer über die zukünftige Kursentwicklung der Aktie ins Gewicht.

Um Aktien und Anleihen bewerten und eine Einschätzung ihrer zukünftigen Kursentwicklung geben zu können, müssen wir uns in jedem Fall mit mindestens zwei Analysemethoden befassen. Die erste Methode ist die Fundamentalanalyse. Hier sind Unternehmensdaten zu bewerten und auf

eine Aussage hin zu untersuchen. Die zweite Analysemethode ist die Chartanalyse. Bei dieser Analyseform wird die grafische Darstellung der Kurse (Chartbilder) auf bestimmte Formationen und Signale untersucht. Diese geben uns einen Hinweis auf die weitere Kursentwicklung.
Keine Sorge, wir werden uns nur mit den einfachsten Analysen befassen, denn im Gegensatz zu vielen sogenannten »Profis« bin ich der Meinung, daß ein oder zwei ausgefeilte Methoden erfolgreicher sein können als ein ganzes Bündel ausgefuchster Strategiepapiere. Und die Erfahrung wird auch Ihnen recht geben.

5.6.1 Die Fundamentalanalyse

Die Probleme der Fundamentalanalyse sind so alt wie diese Bewertungsmethode selbst. Das Hauptproblem läßt sich wohl niemals lösen, geht es schlicht und ergreifend doch darum,
- *daß Sie die Daten nicht rechtzeitig erhalten,*
- *daß die Daten nicht vollständig sind,*
- *daß die Daten subjektiv gewichtet sind und*
- *daß die Daten emotional gefärbt und gedeutet werden.*

Darüber hinaus kann man dann noch über die Interpretation dieser Daten und Zahlen streiten, schließlich bringt jeder Diskussionsteilnehmer seine eigene Meinung mit.
Da Sie die Aktienanlage nicht als Depotverwaltung im herkömmlichen Sinne angehen wollen, sondern als Alternative zur Altersvorsorge betrachten, benötigen Sie entweder Spezialkenntnisse, oder Sie verlassen sich auf die Expertisen von Banken und Brokern. Damit Sie sich nicht mit unnötigem Ballast befrachten müssen, habe ich der Gesamtwirtschaftsanalyse den Vorzug gegeben. Zum einen können Sie die Erkenntnisse aus dieser Analyse sowohl für den Handel mit Aktien als auch für den Handel mit Anleihen verwenden.
Wenn Sie nähere Informationen zu einer speziellen Aktiengesellschaft benötigen oder sich für eine ganz bestimmte Anleihe interessieren, dann wenden Sie sich doch bitte an Ihre Hausbank, bei der Sie diese Geschäfte ja wohl abwickeln werden.
Das ist nicht nur so gesagt. Vielmehr können Sie später bei einer Falschberatung versuchen, die beratende Bank in die Haftung zu nehmen. Voraussetzung dafür ist jedoch, daß Sie akribisch alle Informationen, die man

Ihnen weitergibt (möglichst in Papier), sammeln und abheften. Notieren Sie auch, wer Ihnen wann was gesagt oder empfohlen hat. Jede noch so kleine Einzelheit kann später von Wichtigkeit sein. Doch nun zur Analyse, schließlich wollen Sie eine Aktie oder Anleihe erwerben.

5.6.2 Die Gesamtwirtschaftsanalyse

Wer erfolgreich in Wertpapiere investieren will, muß sich über die Rahmenbedingungen informieren. Obwohl die Konjunktur schon seit langem das Hätschelkind der Politik geworden ist, gibt sie dennoch dem interessierten Investor die besten Informationen über das wirtschaftliche Umfeld seiner Anlage.
Inländische Konjunktur, Wirtschaftswachstum, Frühindikator, Preisentwicklung, internationale Konjunktur, Wechselkurse, Finanzpolitik und Wirtschaftspolitik bestimmen mit über den Erfolg einer Kapitalanlage.
Nach diesen generellen Betrachtungen wenden wir uns dem direkten Umfeld der ins Auge gefaßten Wertpapiere zu und bewerten die Situation des jeweiligen Anlagelandes. Hier gilt es, drei Faktoren zu beachten:

➤ *Die Schwankungen des Wirtschaftswachstums*
- *Nimmt die Wirtschaftstätigkeit zu, dann steigt auch die Nachfrage nach Krediten, das heißt, die Zinsen werden steigen.*
- *Aber auch die Umkehrung ist richtig: Schwächt sich die Konjunktur ab, sinken die Zinsen.*

➤ *Die Geldpolitik der Notenbank*
- *Das Geldmengenwachstum beeinflußt das Geldangebot. Eine Beschleunigung des Wachstums bedeutet sinkende Zinsen.*
- *Achtung: Hier stellt sich häufig eine Preissteigerung ein, die wiederum eher höhere Zinsen zur Folge hat und damit meist auch sinkende Aktienkurse.*

➤ *Die Inflation*
- *Steigt die Inflationsrate an, werden die Wirtschaft und der Konsument gleichermaßen mehr Kredite aufnehmen, da die Preise noch niedrig erscheinen.*
- *Um den Konsum zu begrenzen und die Spartätigkeit mehr anzuregen, werden die Zinsen steigen (und die Aktienkurse meist sinken).*

Wie Sie sehen, ist bei der Bewertung des Umfeldes die zukünftige Zinsentwicklung von zentraler Bedeutung, beeinflußt sie doch deutlich die Kostensituation der Unternehmen. Allerdings können wir für die Beurteilung nur auf Daten aus der Vergangenheit zurückgreifen. Die Rückschlüsse aus der Betrachtung vergangener Zeiträume und Entwicklungen stellen jedoch keine Garantie für die richtige Beurteilung zukünftiger Entwicklungen dar. Das Besondere der zukünftigen Entwicklung ist ja, daß sie gerade nicht bekannt ist. Um aber dennoch zumindest eine grobe Einschätzung vornehmen zu können, betrachten wir in den folgenden Ausführungen den Zinszyklus und die Signale aus der Bundesbank.

5.6.3 Die deutschen Zinssätze

Die deutschen Zinssätze für längerfristige Anlagen schwanken seit 1962 zwischen zehn Prozent und unter sechs Prozent. Einen Höchststand erreichte der Zins in den Jahren 1974 und 1981 mit weit über zehn Prozent. Nach diesen Hochzinsphasen sank der Zinssatz jeweils bis unter sechs Prozent. Die Erfahrung zeigt, daß nach einer Hochzinsphase eine Talfahrt der Zinsen beginnt, die den Aktienmarkt oft positiv beeinflußt. Diese Entwicklung kann man mit den entsprechenden Wertpapieren nutzen.
Nun ist auch klar, warum die Bundesbank als Hüterin des bundesdeutschen Zinses einen besonderen Einfluß auf das wirtschaftliche Wohlergehen der Unternehmen hat.

5.6.4 Die Deutsche Bundesbank

Sie fungiert als Notenbank und hat damit das alleinige Recht zur Ausgabe von Banknoten. Vornehmste Aufgabe ist die Sicherung der Währung, sie reguliert den Geldumlauf und versorgt die Wirtschaft (über die Banken) mit Krediten.
Das Hauptaugenmerk der Bundesbank ist damit auf das Wachstum der Wirtschaft, die Preisstabilität (Inflation) und die Vollbeschäftigung gerichtet. Damit sie ihren Aufgaben gerecht werden kann, verfügt sie über eine Vielzahl geldpolitischer Instrumente. Wir wollen nachfolgend einige Instrumente und Begriffe näher betrachten.

➤ *Geldmenge/Geldvolumen*
Eines der gewichtigsten Instrumente zur Steuerung der Wirtschaft ist die **Geldmenge**. Mit Geldmenge bezeichnet man die gesamte Menge an Bar-

geld und Buchgeld in den Händen der inländischen Nichtbanken. Die Bundesbank verwendet als Orientierungsgröße für ihre Geldmengenpolitik den Begriff **Zentralbankgeldmenge**. Dieser Begriff umfaßt den Bargeldumlauf und das Mindestreservesoll auf Inlandsverbindlichkeiten.
Bei einer Verlangsamung der Wirtschaftstätigkeit (Rezession) wird die Bundesbank die Geldmenge erhöhen. Dieses größere Geldangebot hat sinkende Zinsen zur Folge und wird die Aufnahme von Krediten durch die Wirtschaft (Ankurbelung der Geschäftstätigkeit) nach sich ziehen.
Kommt es jedoch zu einer Überhitzung der Konjunktur oder steigt die Inflationsrate stärker als geplant, tritt die Bundesbank auf die Bremse und sorgt durch Verringerung der Geldmenge beziehungsweise Begrenzung der zukünftigen Ausweitung für ein Ansteigen der Zinsen. Die Investitionstätigkeit läßt nach, und die Nachfrage geht zurück.

➤ *Offen-Markt-Politik*
Mit Offen-Markt-Politik bezeichnet man die Handelstätigkeit der Bundesbank im Rentenmarkt. Dieses Instrument kann in beiden Richtungen angewendet werden.
Kauft die Bundesbank Papiere an, dann bringt sie zusätzliche Liquidität in den Markt. Durch diese Geldspritze erhöht sich das Geldangebot, *die Zinsen sinken*.
Verkauft dagegen die Bundesbank Papiere aus ihrem Portfolio, schöpft sie durch diese Verkäufe die Liquidität ab. Die Geldmenge verringert sich, und *die Zinsen steigen*.
➤ *Diskontsatz*
Sie haben es bestimmt schon in den Printmedien gelesen oder im Radio/Fernsehen gehört oder gesehen: Der Markt wartet auf Zinssignale aus der Bundesbank. Senkt die Bundesbank den Diskontsatz, oder hebt sie ihn etwa an?
Der Diskontsatz ist der Zinssatz, den die Bundesbank bei der Hereinnahme von Wechseln den Banken berechnet. Dieser ist wiederum Grundlage für den Zinssatz, den die Banken ihren Kunden in Rechnung stellen. Dadurch wird der Diskontsatz zu einem Leitzins, dessen Heraufsetzung zu einer Erhöhung des Zinsgefüges bei den Banken führt. Wird er gesenkt, sinken auch die Kreditkosten.
Das bedeutet für die Aktienanleger, daß der Aktienmarkt bei sinkenden Zinsen wahrscheinlich wieder oder weiter ansteigen wird. Günstige Kreditkonditionen lassen mehr Kapital in Aktien fließen. Für Anleihenbesitzer

ist eine Heraufsetzung der Zinsen ein Alarmsignal, denn ihre Anleihen verlieren an Wert (Kurswert), wenn der Marktzins steigt. Für Anleger, die (noch) keine Anleihen besitzen, sind dies eher gute Nachrichten. Wissen sie doch, daß sie jetzt bessere Renditen erhalten und diese vielleicht sogar für viele Jahre festschreiben können.

5.6.5 Die Prognose

Die bisherigen Ausführungen haben gezeigt, daß es ausgesprochen schwierig ist, eine sichere Prognose zur Weiterentwicklung der Wirtschaft zu stellen. Dennoch kann durch die Beurteilung der Faktoren Bundesbank und Zinsentwicklung eine Entscheidung zumindest darüber getroffen werden, ob die Anlage des Kapitals in Aktien oder Anleihen derzeit überhaupt sinnvoll ist.
Leider können Sie mit der Gesamtmarktanalyse nicht feststellen, ob mit den Aktien der Firma PROFIT AG in allernächster Zeit ein Gewinn zu erzielen ist. Darüber kann nur die Einzelanalyse des Unternehmens Auskunft geben. Diese erhalten Sie bei Ihrer Haus- oder Wertpapierbank. Lassen Sie sich dort, auch unter Haftungsgesichtspunkten, ausführlich beraten.
Bei der Entscheidung für oder gegen den Kauf oder Verkauf eines Wertpapieres können verschiedene Analysemethoden verwendet werden. »Technisch« orientierte Anleger haben sich der Technischen Analyse verschworen. Bedingt durch die ihr zugrundeliegenden Daten (Kurse, Umsätze et cetera), sind auch die Prognosen häufig kurzfristig angelegt.
Ein Merkmal der Fundamentalanalyse ist hingegen, daß sie eher mittel- bis langfristige Prognosen erlaubt. Beide Methoden sollen Anleger und Berater helfen, beim Kauf oder Verkauf von Wertpapieren das richtige »Timing« zu erreichen – mit anderen Worten: im richtigen Moment die richtige Entscheidung zu treffen.
Vergessen Sie nicht: Bei der Gesamtmarktanalyse, die sich nicht mit einem einzelnen Titel abgibt, wird lediglich das Investmentklima wiedergegeben.

5.6.6 Die Technische Analyse

Die Technische Analyse gilt als eine zuverlässige Prognosemethode. Bekannt ist aber vor allem ein Teil der Technischen Analyse: die Chart-

analyse. Tatsächlich besteht die Technische Analyse jedoch aus vier Teilen, der
- *Gesamtmarktanalyse,*
- *Chartanalyse,*
- *Indikatoranalyse* und der
- *Kurszielanalyse.*

Wir werden uns hier nicht mit den einzelnen Techniken befassen. Es soll uns genügen, von der Existenz einer solchen Methode zu erfahren. Bitte verstehen Sie mich nicht falsch. In den unzähligen Beratungsgesprächen habe ich immer wieder festgestellt, daß ein Anleger, der vorgab, nur für seine Altersvorsorge anlegen zu wollen, sich häufig genug als ein Erzspekulant entpuppt hat.

Das hätte mir ja egal sein können, nur stimmten seine Erwartungen mit den von mir vorgeschlagenen Strategien nicht überein. Kein Wunder, er oder sie wollte spekulieren, und ich versuchte kapitalbildend anzulegen. Daraus habe ich gelernt, wenn man erst einmal damit anfängt, sich nach gleitenden Durchschnitten, Tops, Bottoms, Tassen oder Kopf-Schulter-Formationen zu richten, werden die langfristigen Ziele leicht vergessen und nur den kurzfristig erhofften Erfolgen nachgejagt. Da haben Sie als Berater kaum eine Chance.

Wer in jedem Fall mehr darüber wissen will, wird im Literaturverzeichnis fündig werden. Darüber hinaus gibt es auf dem Markt eine Vielzahl an Computerprogrammen, die dem Anleger die Auswahl der »besten« Aktien abnehmen und das Depot nach technischen Gesichtspunkten steuern. Lassen Sie mich ein Beispiel dagegen ins Feld führen.

Ein Anleger, den ich nun schon lange persönlich kenne, hat seine Altersvorsorge nur auf Aktien aufgebaut. Er kaufte immer dann, wenn er Geld übrig hatte, ein paar Aktien. Er kaufte ausschließlich »Namen«, also Firmen, deren Produkte oder Dienstleistungen er kannte (heute würde man sagen »Blue Chips«). Er hat zwischendurch keine Aktien verkauft und konnte, als er in Pension ging, ein erkleckliches Sümmchen durch den Verkauf seines gesamten Depots erzielen. Dieses Geld legte er in festverzinsliche Papiere erster Qualität an und konnte von dem Zinsertrag bequem leben, ohne auch nur den Kapitalstock anbrechen zu müssen. Nachahmenswert? Ich finde, ja!

5.7 Anleihen

Schon vor zweitausend Jahren wurden Anleihen zur Finanzierung von Vorhaben oder Investitionen erhoben. Wenig bekannt ist, daß sie auch der Finanzierung von Kreuzzügen und Kriegen dienten. Geschichtlich Interessierte finden schnell heraus, daß auch in den beiden Weltkriegen die Anleihen (meist Kriegsanleihen genannt) bekannt waren. Ein Anlegerschutz war damals noch unbekannt, und Zins oder Rückzahlung hingen von vielen Faktoren ab.

In den letzten Jahrzehnten haben die Anleihen der Post, der Bahn und des Bundes dazu beigetragen, die Anleihe zu einem echten »Rentenpapier« heranwachsen zu lassen. Gemeint ist damit, daß man sich um Zins und Tilgung nicht sorgen mußte, da ja der Staat dafür geradestehen mußte. Nach dem Kauf der Anleihe legte der Anleger sie ins Depot bei der Bank oder in den eigenen Safe und kassierte einmal jährlich seinen Zins. Oder er überließ der Bank die Verwahrung und Verwaltung.

In den letzten Jahren allerdings hat eine kaum noch zu überschauende Vielzahl von Anleihen und anleiheähnlichen Anlagen den Markt überflutet. So gibt es beispielsweise neben Anleihen mit festem Zinsfuß solche mit sich dem internationalen Zinsniveau anpassendem Zins (flexibel) wie auch solche mit extrem niedrigem Festzinssatz und einer vom Stand eines Aktienindexes abhängigen Rückzahlung.

Was genau ist nun eine Schuldverschreibung? Ob sie nun Schuldverschreibungen, Bonds, Obligationen oder Rentenpapiere genannt werden, immer handelt es sich um Zahlungsverpflichtungen (Urkunden über Vermögensrechte). Im Hinblick auf die Sicherheit einer Anlage genießen Anleihen ein größeres Ansehen als Aktien. Im Unterschied zu den Aktien sind Anleihen Wertpapiere mit Vorzugsrechten. Der Gläubiger als Anleihenbesitzer erhält seinen Zins und auch die spätere Rückzahlung unabhängig von den Betriebsergebnissen. Sollten die Betriebsergebnisse sich ungünstig entwickeln und die Gesellschaft liquidiert werden müssen, wird der Eigentümer der Anleihe zuerst aus den Vermögenswerten der Gesellschaft bedient. Bevor der Aktionär auch nur einen Pfennig bekommt, wird der Gläubiger befriedigt. Mit anderen Worten: Ein Wertpapier mit Vorzugsrechten (Anleihe) genießt einen erstrangigen Anspruch gegenüber Stammaktien.

Unabhängig von der Bezeichnung sind für die Auswahl von Bonds folgende Kriterien von Bedeutung:

- die Rückzahlung des Kapitals,
- die Höhe der Zinsen,
- der Zeitpunkt der Zahlung der Zinsen und
- die weiteren Bedingungen.

Ähnlich wie bei anderen Anlageformen erhalten Sie auch bei Bonds zwei Arten von Einkommen: **laufende Einnahmen** (aus den Zinszahlungen) und **Kursgewinne**. Die laufenden Einnahmen hängen von der **Höhe und der Häufigkeit der Zinszahlungen** ab, die Kursgewinne dagegen nur **von sinkenden Zinsen**. Zins und Kurs der Anleihe verhalten sich entgegengesetzt. Daraus ergibt sich:
- Immer wenn die Zinsen steigen, *sinkt* der Kurswert der Anleihe.
- Immer wenn die Zinsen sinken, **steigt** der Kurswert der Anleihe.

Da festverzinsliche Wertpapiere zu den eher konservativen Anlageformen gehören, bieten sie Ihnen auf den ersten Blick **größtmögliche Sicherheit, hohen Ertrag** und **kurzfristige Verfügbarkeit**. Damit ist gemeint:

➤ Mit größtmöglicher Sicherheit wird der Emittent in der Lage sein, die laufenden Zinsen und die Rückzahlung fristgerecht und in voller Höhe zu leisten.

➤ Durch die Zahlung des Couponzinses erzielt der Anleger einen regelmäßigen und immer gleich hohen Ertrag während der gesamten Laufzeit.

➤ Bei börsennotierten Anleihen ist innerhalb kurzer Frist der Verkauf der Anleihe zum Kurswert möglich, der Anleger kann dann wieder über sein Kapital verfügen.

Wenn Sie eine Zeitung, wie zum Beispiel das *Handelsblatt*, aufschlagen, dann finden Sie im »Finanzzeitung«-Teil Angaben über öffentliche Anleihen von Bund, Ländern, Städten und Spezialinstituten, Industrieanleihen, Anleihen ausländischer Schuldner, ECU-Anleihen, Titel des Bundes, Wandelanleihen, Optionsanleihen und Zerobonds.

Nicht jede der verschiedenen Anleiharten ist für eine Altersvorsorge geeignet. Da wir für spätere Zeiten eine sichere Einnahmequelle suchen, können wir von vornherein die spekulativen Instrumente ausklammern. Deshalb stelle ich Ihnen nur die geeigneten Formen kurz vor. Dabei muß diese Betrachtung **unvollständig** bleiben, da die Bewertung des Risikos der jeweiligen Anleihen sich **wegen der Vergleichbarkeit** auf die **offensichtlichen Risiken** beschränken muß. Tatsächlich aber besteht das

Risiko aus vielen Faktoren. Sie werden später noch gesondert beleuchtet. Man kann also sagen: Anleihe ist nicht gleich Anleihe. Welche Arten gibt es, und was sind die charakteristischen Merkmale?

5.7.1 Die Festzinsanleihe

Die Festzinsanleihe ist der Ausstattung nach die **traditionelle Form** einer Anleihe. Laufzeit, Nennwert und Couponzins liegen von vornherein fest. Sie können aufgrund dieser Angaben und Informationen über den Emittenten das Risiko einschätzen und Ihre Entscheidung treffen. Wollen Sie die Anleihe bis zum Laufzeitende behalten, so besteht das einzige Risiko in der Bonität des Emittenten. Die Zinsen werden in Deutschland einmal im Jahr, in den USA meist zweimal im Jahr gezahlt.

➤ *Beispiel:*
Inhaber-Schuldverschreibung der **Kreditanstalt für Wiederaufbau (KfW)** von 1992/2002. Der Coupon beträgt acht Prozent pro Jahr. Gezahlt wird einmal im Jahr nachschüssig, die Anleihe lautet auf DM.
Diese Anleihe notierte am 8. August 1994 mit einem Kurs von 103 und einer Rendite von 7,464 Prozent. Bei einem Nennwert von 10.000 DM müßten Sie beim Kauf 10.300 DM aufwenden, erhielten bis zum Jahre 2002 jährlich eine Ausschüttung von 800 DM an Zinsen und am Ende der Laufzeit eine Rückzahlung in Höhe von 10.000 DM.
➤ *Vorteile:*
- *Mittel- bis langfristige Kapitalanlage,*
- *feste Zinserträge.*
- *Anlage auch mit kleinen Geldbeträgen möglich.*
- *Jederzeit Verkauf möglich.*
➤ *Nachteile:*
- *Kursrisiko,*
- *allgemeines Geldwertrisiko.*
- *Verkauf nur zum Börsenkurs.*

In manchen Marktsituationen kann es richtig sein, Optionsanleihen zu erwerben. Dies aber nur unter dem Gesichtspunkt, eine bessere Rendite bei hoher Sicherheit zu erzielen.

5.7.2 Die Optionsanleihe

Optionsanleihen sind Schuldverschreibungen, die mit einem **Optionsrecht** ausgestattet sind. Dieses Optionsrecht wird in einem Optionsschein (engl: *warrant*) verbrieft. Im Gegensatz zur Wandelanleihe kauft der Anleger kein Wandelrecht. Vielmehr besteht die Optionsanleihe aus **zwei Teilen:** der Schuldverschreibung (mit einem in der Regel festen Zinssatz) und dem Optionsschein.

Der Optionsschein kann entweder bei Emission oder nach Ablauf eines bestimmten Zeitraums (Frist) von der Schuldverschreibung getrennt und separat gehandelt werden. Es hat sich ein reger Sekundärmarkt für diese (spekulativen) Scheine gebildet, so daß sie (fast) so einfach zu kaufen und zu verkaufen sind wie Aktien. An der Börse werden Optionsanleihen meist **in drei Teilen gehandelt,** nämlich

- Optionsanleihe **mit** Optionsschein (cum),
- Optionsanleihe **ohne** Optionsschein (ex) und
- Optionsschein (OS).

Durch den Optionsschein und das damit verbundene Bezugsrecht kann der Emittent den festen Zinssatz der Schuldverschreibung relativ niedrig halten. Der Zins bei Optionsanleihen ist also in der Regel niedriger als der aktuelle Marktzins.

▶ *Beispiel*
Mitsubishi Chemical Industries Limited 1 1/4 Prozent DM-Optionsanleihe mit Optionsschein auf Bezug von Aktien der Gesellschaft.
Der Optionsschein (je 5.000 DM Teilschuldverschreibung) erlaubt den Bezug von 448 Aktien zum Kurs von 831 Yen. Dieser Optionspreis kann gemäß den Bedingungen bis zum Ende der Laufzeit noch verändert werden.
So notierte die Anleihe **cum** (also mit OS) mit 96,00. Aus Kaufpreis, Laufzeit und Coupon ergibt sich eine Rendite von drei Prozent. Die Differenz zum aktuellen Zinsniveau wird durch den OS und die zu erwartende Kurssteigerung der Aktien wettgemacht.
Am gleichen Tag notiert die Anleihe **ex** (also ohne OS) mit 82,60. Hier ergibt sich eine Rendite von 9,68 Prozent. Das spekulative Moment des OS fehlt hier zwar und damit auch die Chance auf einen besonders großen Gewinn. Dafür aber ist die Verzinsung akzeptabel.

Ebenfalls am gleichen Tag notiert der Optionsschein (OS) als separates Handelsobjekt mit 800 DM. Bei einem Wechselkurs des Yen von 1,146 DM pro 100 Yen und dem Bezugsrecht von umgerechnet 448 Aktien zum Kurs von 831 Yen wird der Bezug erst ab einem Aktienkurs von über 987 Yen interessant.

Wenn der Wechselkurs sinkt, 100 Yen für 1,- DM zu haben sind, wird erst ab einem Aktienkurs von über 1,010 Yen der Bezug lukrativ. Steigt der Wechselkurs dagegen an, vielleicht auf 1,50 DM pro 100 Yen, dann wird bereits bei einem Aktienkurs von 950 Yen der Bezug der Aktien interessant.

Die Optionsanleihe bietet durch den Schuldverschreibungsteil eine feste Verzinsung des Kapitals. Der Optionsschein läßt den Anleger an eventuellen Kurssteigerungen der Aktien des Unternehmens teilhaben. Wenn Sie also die niedrige Verzinsung in Kauf nehmen, können Sie mit dem Optionsschein auf **steigende Kurse spekulieren.** Auch wenn Sie Ihren Optionsschein verkaufen oder das Optionsrecht selbst ausüben, in beiden Fällen bleibt die Anleihe (und damit der festverzinsliche Teil der Optionsanleihe) bestehen. Übrigens: Nicht alle Optionsanleihen bieten einen derart geringen Zins!

➤ *Vorteile:*
- *mittel- bis langfristige Kapitalanlage,*
- *fester (niedriger) Zinsertrag,*
- *jederzeitiger Verkauf möglich.*
- *Zusätzliche Gewinnmöglichkeit durch Optionsschein.*

➤ *Nachteile:*
- *niedriger Zinsertrag,*
- *allgemeines Geldwertrisiko,*
- *Verkauf nur zum Börsenkurs,*
- *Kursverluste bei sinkendem Aktienkurs.*

Bei der Altersvorsorge sind Optionsanleihen nur bedingt nützlich. Die Optionsanleihe mit Optionsschein ist durch den spekulativen Schein zu teuer und zu schwankungsempfindlich. Sinkt nämlich der Kurs der zu beziehenden Aktie, dann sinkt auch der Wert des Optionsscheins. Da bei dieser Anleihe (cum) der Optionsschein noch zur Anleihe gehört, wird daher auch der Kurs der Anleihe in Mitleidenschaft gezogen (sinkt). Der Optionsschein selbst kommt als reines Spekulationsobjekt natürlich nicht in unser Depot, also bleibt nur noch die Optionsanleihe »ex« übrig.

Diese hat den Vorteil, daß durch den geringen Couponzins der Kurswert oft sehr niedrig ist. Hier können Sie die Anleihe weit unter pari (unter 100 Prozent/unter Nennwert) kaufen und erhalten zum Tilgungszeitpunkt die volle Summe (100 Prozent/Nennwert) zurück.

Bisher haben wir immer nur von einfachen Anleihen oder Optionsanleihen gesprochen und dabei stillschweigend vorausgesetzt, daß es sich um heimische Anleihen auf DM-Basis handelt. In der Praxis werden dagegen sehr häufig Auslandsanleihen angeboten.

5.7.3 Auslandsanleihen

In den Zeitungen werden sie oft »Anleihen ausländischer Emittenten« genannt. Zu diesen Anleihen gehören:

- *Anleihen ausländischer Emittenten, die an deutschen Börsen gehandelt werden. Sie können in verschiedenen Währungen begeben werden und zum Beispiel auf DM, ECU (europäische Währungseinheit) oder ausländische Währungen (beispielsweise US-$ oder A-$) lauten.*
- *Anleihen inländischer Emittenten, die im Ausland gehandelt werden. Sie lauten auf ausländische Währungen wie US-$ oder auch ECU.*
- *Anleihen ausländischer Emittenten, die im Ausland gehandelt werden. Sie lauten ebenfalls auf ausländische Währungen.*

Für eine Altersvorsorge sind nur die ersten Anleihearten geeignet. Sie sollten auch darauf achten, daß Sie nur Anleihen sogenannter »Hartwährungsländer« kaufen. Zu ihnen gehören unter anderem der US-Dollar, der japanische Yen und die DM. Ich persönlich empfehle unter langfristigen Gesichtspunkten, sich nur den in DM notierten Anleihen zuzuwenden. Hier wird jedes Währungsrisiko ausgeschlossen.

Wenn Sie bei den Auslandsanleihen näher hinschauen, werden Sie viele Namen deutscher Firmen und Banken entdecken. Tatsächlich haben Banken und Firmen sogenannte Finanzierungstöchter im steuergünstigeren Ausland gegründet. Diese »Töchter« nehmen dann über Anleihen die erforderlichen Mittel auf und stellen sie den »Müttern« zur Verfügung. Daher finden Sie im *Handelsblatt* unter der Rubrik »Anleihen ausländischer Schuldner« unter anderem auch die **besten Adressen** der deutschen Industrie und des Kreditgewerbes.

➤ *Beispiel*
Inhaber-Schuldverschreibung der **Deutschen Finance (Netherlands) B.V.** von 1993 bis 2003 mit einem Zinscoupon von 7,5 Prozent notiert am 18.8.1994 mit 100,50 und einer Rendite von 7,369 Prozent.
Die Deutsche Finance B.V. ist die Finanzierungstochter der Deutschen Bank. Ihre Anleihen werden üblicherweise mit der **unwiderruflichen Garantie** der Deutschen Bank, Frankfurt am Main, *begeben* (in Umlauf gesetzt).

➤ *Vorteile:*
- *mittel- bis langfristige Kapitalanlage,*
- *fester (höherer) Zinsertrag,*
- *jederzeitiger Verkauf möglich.*

➤ *Nachteile:*
- *Kursrisiko,*
- *allgemeines Geldwertrisiko.*

Neben diesen Anleihen werden auch noch besondere Anleihen gern für die Altersvorsorge empfohlen. Nicht immer stimme ich diesen Empfehlungen zu, bei den Zerobonds dagegen lohnt sich zumindest ein Blick.

5.7.4 Zerobonds

Bereits 1981 wurde in den USA der erste Zerobond emittiert. Die damals gültige **Steuerpolitik** und die **extrem hohen Zinsen** für Kredite begünstigten diese Entwicklung. Seit einigen Jahren werden auch in Deutschland Zerobonds angeboten und meist als Nullcouponanleihen bezeichnet. Wie der Name bereits andeutet, sind Zerobonds Anleihen, die keinen laufenden Zins zahlen.
Die **Rendite** errechnet sich aus dem **Kaufpreis** und dem **Rückzahlungskurs**. Der Rückzahlungskurs ist in der Regel der Nennwert. Es handelt sich also um ein abgezinstes Papier, die Emission erfolgt mit einem großen Abschlag (Discount) zum Nennwert. In der Rückzahlung sind daher Zins und Zinseszins enthalten.
Die Bezeichnungen sind recht unterschiedlich. Neben dem bereits vorgestellten Begriff der Nullcouponanleihe werden die Zerobonds auch als Zero-Briefe, Zinssammler, Aufzinsungsanleihen oder Akku-Anleihen bezeichnet. Das Konzept ist in der Form der abgezinsten Sparbriefe der

Sparkassen und Banken, des Bundesschatzbriefes Typ B und der Finanzierungsschätze des Bundes längst bekannt.
Die recht große Nachfrage in den USA nach solchen Papieren konnte nicht befriedigt werden. So kamen Investmentbanken in den USA (Brokerhäuser) auf die Idee, selbst solche Zerobonds zu begeben. Sie kauften im großen Stil **Staatsanleihen**, die Treasury Bonds, auf und **trennten** die Zinscoupons vom Anleihenmantel. So entstanden viele kleinere und größere Tranchen an Zerobonds. Die dem Anleger gebotene Sicherheit war erstklassig, handelte es sich doch durchweg um Staatsanleihen, die den Zerobonds zugrunde lagen.

➤ *Beispiel:*
Zerobonds der **Euro-DM Securities** der Serie 2006.
Dieser Zerobond wurde von der Euro-DM Securities Limited begeben. Dies ist eine Gesellschaft auf der Insel Jersey. Sie wurde gegründet, um die günstigen steuerlichen Bedingungen auf dieser Kanalinsel vor England zu nutzen. Die Zerobond-Emissionen sind mit einem Schuldschein der Deutschen Bundespost unterlegt und dementsprechend sicher.
Er notierte am 8.8.1994 mit einem Kurs von 43,10 und einer Rendite von 7,535 Prozent. Sie würden also bei einem Nennwert von 10.000 DM einen Preis von 4.310 DM bezahlen müssen. Während der Laufzeit erhalten Sie keinen Zins, und am Ende werden Ihnen 10.000 DM zurückgezahlt.
Da die Gebühren bei Zerobonds im Kurs (Preis) bereits berücksichtigt sind, vereinfacht sich hier der Preisvergleich auf den Kursvergleich der einzelnen Anbieter. Welche Zerobonds Sie auch kaufen, in jedem Fall müssen Sie bei einem Kauf der Anleihen folgendes beachten:
- *Der Kurswert eines Zerobonds bewegt sich keinesfalls stetig nach oben, auch läßt sich kein rechnerischer Verkaufspreis ermitteln. Vielmehr bildet sich der Kurs auf der Grundlage des aktuellen Zinsniveaus aus Angebot und Nachfrage.*
- *Die einzige Sicherheit bei der Kursentwicklung ist, daß am Ende der Laufzeit der Nennwert zu 100 Prozent fällig ist. Bis zum Vortag der Fälligkeit kann der Kurs also erheblich niedriger sein.*
- *Wenn Sie Zerobonds kaufen, sollten Sie nur Laufzeiten wählen, die mit Ihren eigenen Investmentzielen übereinstimmen. In keinem Fall aber sollten Sie diese Bonds auf Kredit kaufen.*

➤ *Vorteile:*
- Fortfall des Wiederanlagerisikos,
- relativ niedriger Kapitalaufwand,
- Kündigungsschutz *(wenn es sich um staatliche Anleihen handelt).*

➤ *Nachteile:*
- höherer Preis bei kleinen Aufträgen,
- Kursrisiko bei steigendem Zins,
- Währungsrisiko *(wenn es sich um Fremdwährungen handelt).*

Mit dieser Darstellung der Zerobonds wollen wir das Thema Anleihen, die für die Altersvorsorge geeignet sind, abschließen. Was noch fehlt, ist die Berechnung der Rendite. Keine Angst, Sie müssen nicht mit einem Mathekurs rechnen, wir wollen nur die einfachsten Formeln besprechen. Diese helfen Ihnen, die Anleihen zumindest über die Rendite zu vergleichen.

5.7.5 Die Rendite berechnen

Um Anleihen und deren Erträge miteinander **vergleichen** zu können, bietet sich zunächst die **Verzinsung als Maßstab** an. Der Couponzins ist aber nicht gleichbedeutend mit der Rendite, also dem Ertrag der Anleihe pro Jahr. *Die Rendite setzt sich aus der Zinszahlung, der Laufzeit und dem Kaufkurs zusammen.* Während der Laufzeit einer Anleihe erhalten Sie die fälligen Couponzinsen ausbezahlt. Diese können Sie wiederanlegen oder auch ausgeben.

Einen höheren Ertrag werden Sie dann erzielen, wenn Sie die erhaltenen **Zinsen wiederanlegen** (Zinseszinseffekt). Deshalb müßte der Wiederanlagezins eigentlich auch berücksichtigt werden. Da er jedoch nicht im voraus zu bestimmen ist (er hängt von der Entwicklung der Zinsen in der Zukunft ab), stützen wir uns bei der Renditeberechnung nur auf Zins, Laufzeit und den Kurs der Anleihe. Aus der Vielzahl der Methoden habe ich zwei leicht nachzuvollziehende Renditeberechnungen ausgesucht.

➤ *Die laufende Verzinsung*
Die einfachste Methode ist die **Berechnung der laufenden Verzinsung**. Hier werden nur Couponzins und Kaufkurs berücksichtigt.
➤ *Beispiel:*
Sie erwerben eine Anleihe im Nennwert von 1.000 DM mit einem Coupon von zehn Prozent. Sie zahlen dafür einen Kurs von 120 Prozent, also

1.200 DM. Das sieht eher wie ein schlechtes Geschäft aus, nicht wahr? Sie geben 1.200 DM und erhalten nach zehn Jahren Laufzeit nur 1.000 DM zurück.
Mit dieser Formel können Sie die Rendite pro Jahr ermitteln, sie lautet:

$$CY = \frac{\text{Couponzins} \times 100}{\text{Kaufkurs}} \quad \frac{10 \times 100}{120} = 8{,}33\%$$

Durch den über pari (über dem Nennwert) liegenden Kaufkurs verschlechtert sich die laufende Verzinsung. Statt eines Ertrages von zehn Prozent aus dem Coupon rentiert die Anleihe nur mit 8,33 Prozent. Daraus läßt sich folgende Regel ableiten:
- *(1) Liegt der Kaufkurs über dem Nennwert, verringert sich der CY und liegt unter dem Couponzins.*
- *(2) Stimmt der Kaufkurs mit dem Nennwert überein, entspricht der CY dem Couponzins.*
- *(3) Liegt der Kaufkurs unter dem Nennwert, ergibt sich ein höherer CY als der Couponzins.*

Diese Berechnungsmethode reicht aus, wenn Sie Ihre Rendite **nur grob** berechnen wollen. Sie können damit auch Veränderungen Ihrer Rendite beobachten, vorausgesetzt, Sie benutzen immer dieselbe Berechnungsmethode. Und das ist das Risiko bei der Renditeberechnung: Es gibt zu viele unterschiedliche Berechnungsmethoden! *Wenn Ihnen Ihr Berater also die Rendite eines Papieres nennt, fragen Sie auch gleich nach der Berechnungsmethode.*

➤ Die Daumenregel (YTM)
Eine etwas genauere Berechnung ist mit der Daumenregel möglich. Wir verwenden die gleiche Anleihe wie bei der vorhergehenden Berechnung.
➤ **Beispiel:**
- *Laufzeit exakt zehn Jahre,*
- *Couponzins zehn Prozent,*
- *Kaufkurs 120,*
- *ein Coupon pro Jahr.*

Die **Daumenregel** bezieht die Laufzeit mit in die Berechnung ein und verteilt die Kursdifferenz zum Nennwert über die noch verbleibenden Laufzeitjahre. Statt »Daumenregel« wird diese Formel auch »Yield-tomaturity« genannt und mit den Buchstaben **YTM** abgekürzt. Und so sieht die Formel aus:

$$\frac{\text{Jahreszins} \dfrac{+ \text{ amortisierter Discount}}{- \text{ amortisierter Aufschlag}}}{\text{aktueller Kurs} + \text{Nennwert}} = \text{Rendite bis zur Fälligkeit}$$

Mit Zahlen versehen sieht die Formel so aus:

$$\frac{10 - \dfrac{(120 - 100)}{10 \text{ Jahre}}}{(120 + 100)} = \frac{10 - 2}{} = 7{,}2727\%$$

(1) Hier wird der über die Restlaufzeit verteilte **Aufschlag** auf den Kaufkurs vom Jahreszins **abgezogen** oder der **Discount** auf den Kaufkurs dem Jahreszins **zugeschlagen.**
In unserem Beispiel haben wir einen **Aufschlag** von 20 Prozent für die 1.000 DM Nennwert der Anleihe bezahlt. Auf die **Restlaufzeit von zehn Jahren** verteilt, ergibt sich somit ein Betrag von zwei Prozent. Dieser Betrag ist vom jährlichen Couponzins von zehn Prozent **abzuziehen.** Es ergibt sich ein Betrag von acht Prozent.
(2) Der **aktuelle Kurs** (in Prozent) wird **zum Nennwert** (immer 100 Prozent) **addiert** und anschließend **durch 2 geteilt.** In Zahlen heißt das: 120 Prozent plus 100 Prozent geteilt durch 2 = 110 Prozent.
(3) Nun werden 80 Prozent durch 110 Prozent geteilt, und es ergibt sich eine Rendite von 7,2727 Prozent. Dieses Ergebnis liegt um gut ein Prozent niedriger als der vorher berechnete Current Yield (CY). Durch die Berücksichtigung der noch verbleibenden Laufzeit wird bei der **Daumenregel** das Ergebnis **genauer.**
Meine Empfehlung: Benutzen Sie die Daumenregel oder einen speziellen Taschenrechner für die Errechnung Ihrer Rendite, und fragen Sie immer nach der Methode, mit der eine Rendite errechnet wurde.

➤ **Die Zerobond-Formel**
Für die Renditeberechnung von Zerobonds benötigen Sie die spezielle **Zerobond-Formel**. Sie berücksichtigt, daß Sie während der Laufzeit keine Zinszahlungen erhalten und die Erträge stillschweigend wiederangelegt werden. Sie lautet:

$$P = \left[\left(\frac{Kn}{Ko}\right)^{1/n} - 1\right] 10$$

Hier ist
P   = Rendite (%)
Kn = Endkapital (Nennwert)
Ko = Anfangskapital (Kurswert)
n   = (Rest-)Laufzeit in Jahren

Extratip: Bei allen Renditeberechnungen ist der **BondCalculator** aus dem Gillardon-Verlag, Wilhelmstraße 4, 75015 Bretten, hilfreich. (Informationen erhalten Sie unter Telefon 0 72 52/93 50-0 oder Fax 0 72 52/8 53 80). Ein besonderer Vorzug des Rechners ist, daß Sie nur das Datum der Endfälligkeit und das aktuelle Datum eingeben müssen. Die Anzahl der noch verbleibenden Jahre (für die Berechnung der Rendite unerläßlich) errechnet er selbständig.

5.7.6 Die Risiken berücksichtigen

Wenn Sie heute festverzinsliche oder auch andere Anleihen erwerben, sehen Sie sich einer **Vielzahl von Risiken** gegenüber. Diese Risiken sind sowohl von den **Eigenheiten** des betreffenden Papieres wie auch von der **Marktstimmung** abhängig. Einige der Risikofaktoren sind gewichtiger als andere und unterscheiden sich auch in ihrem Einfluß auf die Kosten oder die Rendite. Die Quellen dieser Unsicherheit sind:
- *das Zinsrisiko,*
- *das Liquiditätsrisiko,*
- *das Risiko bei sinkenden Zinsen und*
- *das Preisrisiko.*

Die folgende Aufzählung und Kurzbeschreibung soll einen Überblick über die Risiken geben.

▶ **Das Zinsrisiko**
Die größte Beachtung verdient bei unserer Betrachtung das Zinsrisiko. Die Veränderung des Zinses verändert den Kurswert beziehungsweise die Rendite. Die feste Beziehung zwischen Zins und Kurswert beeinflußt jedes Marktsegment. Steigt der Zins, dann sinkt der Kurswert und umgekehrt. Die **Güte eines Investments** wird deshalb häufig an der **Kurswertstabilität** gemessen. Diese Stabilität ist hauptsächlich von der **Zinsstabilität** (Zinsrisiko) abhängig.

▶ **Das Liquiditätsrisiko**
Das Liquiditätsrisiko wird hier als die Unmöglichkeit, eine Anleihe zum fairen Preis zu verkaufen, beschrieben. In einem normalen Markt mit ausreichender Liquidität **(Umsatz)** ist es überlicherweise unproblematisch, eine bestimmte Anleihe zum fairen Preis wieder zu verkaufen. Tatsächlich war und ist es **immer schwierig,** Schuldverschreibungen aus **kleinen oder unbekannten** Emissionen loszuschlagen. Das Interesse des Publikums liegt meist nicht auf diesen Exoten. Gekauft wurde diese Anleihe wegen des etwas höheren Ertrages. Dieser stellt aber nur die logische Konsequenz der schwer zu vermarktenden Anleihe dar. Kommt es zu sinkenden Zinsen, werden Anleihen mit kleinem Markt (geringes Aufkommen) stärkere Kursverluste hinnehmen müssen.
Doch auch bei durchschnittlich liquiden Märkten kann es in Phasen der Zinsveränderungen zu **Austrocknungserscheinungen** kommen. Es heißt dann, daß kein Material auf dem Markt ist oder daß keine Abnehmer für den Preis zu haben sind.

▶ **Risiko bei sinkenden Zinsen**
Dieses Risiko der geringeren Wiederanlagerendite wurde in der Vergangenheit bei sinkenden Zinsen besonders deutlich. Der Anleger konnte sich zwar beim Kauf zunächst noch einen recht **hohen Couponzins** sichern, mußte dann aber – bei ständig **sinkenden Zinsen** – eine **geringere Verzinsung** seiner Wiederanlage hinnehmen. Der erwartete Ertrag konnte daher nicht erreicht werden. Abbildung 21 macht den Einfluß des Wiederanlagerisikos deutlich.

▶ **Beispiel:**
Betrachten wir einen zehn Jahre laufenden Bond mit einem Nennwert von 1.000 DM und einem Coupon von 20 Prozent. Bei einem angenommenen Kurswert von 100,00 (pari) stellt sich auch der YTM auf vielversprechende 20 Prozent Rendite ein. Die Zinsen werden immer wieder zu 20 Pro-

zent angelegt, und so ergibt sich am Ende der Laufzeit von insgesamt zehn Jahren ein hübsches Sümmchen als Ertrag. **Durch Zins und Zinseszins fließen dem Anleger 6.191,74 DM zu.**

Nehmen wir nun aber an, daß später alle erhaltenen Zinszahlungen *nur noch mit einer niedrigeren Rendite angelegt werden können* (sinkender Wiederanlagezins). Daraus resultiert in diesem Beispiel ein **erheblich niedrigerer Ertrag,** wie Sie anhand der Abbildung 22 auf der nächsten Seite sehen können.

Aufgrund der sinkenden Renditen kann der Anleger bei der Wiederanlage der Zinsen nur noch einen geringeren Ertrag erzielen. So kommt er auf ein Ergebnis von lediglich **4.078,23 DM.** Er hätte demnach über 50 Prozent mehr (bezogen auf den niedrigeren Anlageertrag) erzielen können, wenn der Zins nicht gesunken wäre.

Lassen Sie mich bei dieser Betrachtung noch auf einen weiteren Punkt hinweisen: *Die Höhe des Wiederanlagerisikos steht in direkter Abhängigkeit zur Höhe der Couponzinsen.* Bei hohen Zinszahlungen (wie bei dem in Abbildung 21 und 22 aufgeführten Beispiel) ist das Wiederanlagerisiko bedeutend größer als bei Anleihen mit niedrigem Coupon.

Jahr	Zahlung	%	Zinseszins	Wert der Zinszahlungen inklusive der Zinseszinsen
1	200,00	20,00	40,00	240,00
2	200,00	20,00	88,00	528,00
3	200,00	20,00	145,60	873,60
4	200,00	20,00	214,72	1288,32
5	200,00	20,00	297,66	1785,98
6	200,00	20,00	397,20	2.383,18
7	200,00	20,00	516,64	3.099,82
8	200,00	20,00	659,96	3.959,78
9	200,00	20,00	831,96	4.991,74
10	1.200,00 (Tilgung und letzter Zins)			**6.191,74**

Abbildung 21: Beispiel für einen Bond mit gleichbleibenden Zinsen

Jahr	Zahlung	%	Zinseszins	Wert der Zinszahlungen inklusive der Zinseszinsen
1	200,00	18,00	36,00	236,00
2	200,00	15,00	65,40	501,40
3	200,00	12,00	84,17	785,57
4	200,00	11,00	108,41	1.093,98
5	200,00	10,00	129,40	1.423,38
6	200,00	9,00	146,10	1.769,48
7	200,00	8,00	157,56	2.127,04
8	200,00	7,00	162,89	2.489,93
9	200,00	7,00	188,30	2.878,23
10	1.200,00 (Tilgung und letzter Zins)			**4.078,23**

Abbildung 22: Beispiel für einen Bond mit sinkenden Zinsen

Ein **extremes Beispiel** für eine Anleihe mit **niedrigem Coupon** ist der Zerobond. Da bei einem Zerobond kein Couponzins gezahlt wird, hat er auch **kein Wiederanlagerisiko**. Dies ist übrigens eines der Hauptargumente für den Kauf von Zerobonds.

▶ Preisrisiko

Ein weiterer Minuspunkt bei der Renditeberechnung mit dem YTM (zur Erinnerung: Rendite bis zum Laufzeitende/Daumenregel) ist die unzureichende **Reflexion des Preisrisikos**. Dieses Risiko resultiert aus der Tatsache, daß der **Wert** einer Anleihe im **umgekehrten Verhältnis** wie der **Zins** schwankt. *Die Kurse der Anleihen steigen, wenn die Zinsen sinken und umgekehrt.*

Während auf der einen Seite sinkende Zinsen Probleme bei der Wiederanlage verursachen, profitieren Sie von dem gleichzeitig steigenden Kurswert Ihrer Anleihen. In so einem Fall tauchen dann noch ganz andere Probleme auf. Ist der Kurswert eminent gestiegen, zögern viele Anleger einen Verkauf hinaus. Einerseits wegen der nunmehr geringeren Rendite (bei der Wiederanlage des Kapitals), andererseits wegen eventueller Steuervorteile, die sie verlieren würden, wenn sie jetzt verkaufen.

Dennoch ist der Verkauf eines Bonds vor dem Ende der Laufzeit die einzige Möglichkeit, einen gestiegenen Kurswert zu Geld zu machen. Besonders trifft dies bei einem über pari notierenden Bond zu. Wird nämlich diese Anleihe bis zum Ende gehalten, erfolgt die **Rückzahlung zum Nennwert** (pari), und jeder **Discount** (Abschlag, unter pari) und jede **Prämie** (Aufschlag, über pari) **gehen gegen Null**. Hier wird deutlich, daß auch die Laufzeit den Betrag der Wertänderung der Anleihe bei jeder Zinsveränderung bestimmt. Generell kann man sagen, daß Anleihen mit längeren Laufzeiten stärker dem Preisrisiko ausgesetzt sind und deshalb bei steigenden Zinsen auch stärker fallen werden.

5.7.7 Ihre persönliche Auswahl

Wie Sie sicherlich festgestellt haben, hängt die Auswahl Ihrer Anleihe neben verschiedenen Aspekten wie **Sicherheit** und **Ertrag** vor allem von Ihrer persönlichen Einschätzung der zukünftigen **Zinsentwicklung** ab. Wenn Sie Ihre Altersvorsorge auf ein selbstgeführtes Wertpapierdepot aufbauen wollen, kommen Sie um einige Überlegungen nicht herum. Damit Sie zuerst Ihr Anlageprofil bestimmen können, müssen Sie folgende Fragen beantworten:

- *Wieviel Risiko wollen Sie eingehen?*

Beim Aufbau einer Altersvorsorge sollten Sie auf keinen Fall ein höheres Risiko eingehen. Beschränken Sie sich bei der Auswahl der Emittenten auf die besten Adressen. Sicher paßt hier auch eine Anleihe der Weltbank oder einer ähnlichen Institution ins Konzept. Tiefer aber sollten Sie mit Ihrem Risiko nicht heruntergehen.

- *Für welchen Zeitraum wollen Sie sich binden?*

Am einfachsten ist es, Anleihen auszuwählen, die dem Zeitpunkt Ihres voraussichtlichen Ausstiegs aus dem Berufsleben entsprechen. Sollte dies nicht möglich sein, wählen Sie hohe Renditen und längstmögliche Laufzeiten.

- *Welchen Ertrag erwarten Sie?*

Liegt der Ertrag zum Zeitpunkt Ihrer Entscheidung unter sieben Prozent Rendite, dann sollten Sie sich eher kurzfristig engagieren. Zwei bis fünf Jahre sind dann lang genug. Steigt der Zins dann an, können Sie auf höher rentierende Anleihen umsteigen.

Liegt der Zins über acht Prozent, sollten Sie sich möglichst langlaufende Anleihen ins Depot legen.
- *Erwarten Sie steigende, stagnierende oder sinkende Zinsen?*

Wenn Sie sich sicher genug fühlen, eigene Entscheidungen zu treffen und diese auch später wieder revidieren zu können, dann können Sie sich auch an Ihrer Einschätzung der Zinsentwicklung orientieren.

Erwarten Sie steigende Zinsen, sollten Sie Ihr Geld in Geldmarktfonds oder auf einem Festgeldkonto parken.

Erwarten Sie stagnierende Zinsen, kaufen Sie Anleihen mit einer mittleren Laufzeit von etwa fünf Jahren mit möglichst hohen Zinsen.

Erwarten Sie sinkende Zinsen, dann kaufen Sie Anleihen mit niedrigem Zins und langer Laufzeit. Ganz Mutige kaufen einen Zerobond mit 30 oder 40 Jahren Laufzeit. Sinken dann die Zinsen, können Sie schöne Kursgewinne realisieren.

Extratip: Wenn Sie schon ein wenig Übung darin haben, selbst Ihre Anleihen auszuwählen, und Gebühren sparen möchten, empfehle ich Ihnen die Eröffnung eines Kontos bei der **DirektAnlageBank,** Westendstraße 162, 80339 München. Dort können Sie über 50 Prozent der sonst üblichen Gebühren und Spesen beim Kauf und Verkauf von Anleihen sparen. Erste Informationen erhalten Sie unter Telefon 0180 – 225 45 00.

5.8 Aktien

Wenn die Kurse steigen, sollten Sie dies als ein Signal für einen Kauf werten. Voraussetzung ist natürlich, daß die übrigen Rahmendaten (Zins, Konjunktur, firmen- oder branchenspezifische Daten et cetera) ebenfalls steigende Kurse erwarten lassen. Allerdings haben nicht alle Anleger den Mut, tatsächlich auch zu handeln.

Mit anderen Worten: Viele Investoren hören zwar die Signale, haben selbst aber häufig nicht den Mut, diesem Signal auch zu folgen. Wenn dann diese hellhörigen Anleger endlich selbst die Aktie kaufen, haben andere schon vor ihnen den Rahm abgeschöpft. Dabei gibt es viele begleitende Signale, die eine bevorstehende Hausse bestätigen.

In jedem guten Chartheft finden Sie auch technische Trendsignale. Diese Signale machen Sie auf Aktien aufmerksam, die sich aus dem bisherigen Verlauf des Kurses herausgehoben haben. Dies kann durch negative wie

auch positive Ereignisse begründet sein. Aber auch kontinuierlich ansteigende Aktien geben Signale, wenn sie ihre Durchschnittslinien durchstoßen. Wenn Sie also in einem Chartdienst lesen, daß die Aktie XYZ eine Durchschnittslinie von unten nach oben schneidet, sollten Sie sich diese Aktie auf dem betreffenden Chart einmal näher ansehen.
Legen Sie Trendlinien an, und versuchen Sie, Formationen zu erkennen. Wichtig aber ist auch, sich über die Situation der Aktiengesellschaft zu informieren. Lesen Sie den letzten Geschäftsbericht, kramen Sie in Ihrem Zeitungsarchiv nach Schlagzeilen über diese Gesellschaft. Machen Sie sich kundig!
Fragen Sie auch Ihren Bankberater nach Informationen, Sie wissen schon, wegen der zusätzlichen Sicherheit und einer eventuellen Beraterhaftung. Wenn dann aber die Signale eindeutig sind, dann handeln Sie beherzt, denn das Timing, der Zeitpunkt des Kaufs und auch des Verkaufs, entscheidet häufig über Gewinn und Verlust.
Selbst wenn Sie genau gewußt haben, wann man Siemens kauft, es aber nicht getan haben, können Sie eben nichts damit verdienen. Sie müssen schon persönlich engagiert sein und gegebenenfalls mitleiden, bevor sie die Gewinne einstreichen können.

5.8.1 Ein Beispiel für steigende Aktienkurse

Betrachten Sie bitte Abbildung 23. Auf dieser Abbildung wird die Kursentwicklung der Aktien Deutsche Lufthansa AG dargestellt. Das Chart zeigt die Kursentwicklung vom 1.3.1990 bis zum 11.7.1995. Zum Herbst 1992/93 erreichte der Kurs einen beachtlichen Tiefpunkt, und kaum einer wollte zu diesem Zeitpunkt investieren. Völlig falsch, wie uns die Geschichte lehrt. Einige Investoren haben das jedoch richtig interpretiert und gekauft.
Auch der alte Kennedy beherrschte dieses System. Als nach der Weltwirtschaftskrise niemand die maroden Unternehmen haben wollte, kaufte er »für 'nen Appel und 'n Ei« ganze Konzerne zusammen. Er wußte, daß auch in schlimmsten Zeiten die Menschen arbeiten und leben müssen.
Auch bei der Lufthansa AG war diese Situation gegeben. Schlechte Nachrichten und eine miese Presse machten den Anleger glauben, daß es mit der Airline bald zu Ende gehen werde. Wer sich darüber hinwegsetzte und spätestens im Januar 1993 die Lufthansa-Aktie zu knapp 100 DM kaufte, konnte inzwischen einen schönen Gewinn von bis zu 100 DM erzielen.

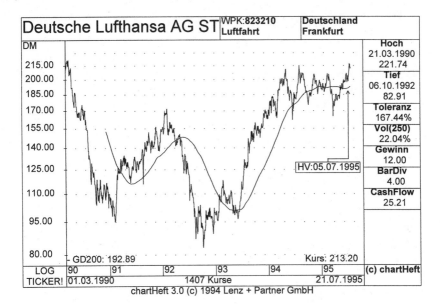

Abbildung 23: Lufthansa AG

▶ **Tip:** Kaufen Sie limitiert oder bestens, vergessen Sie aber auf keinen Fall, sich vor dem Kauf zu überlegen, bei welchem Kurs Sie sich einen Fehler eingestehen und die Aktien wieder verkaufen wollen!

Setzen Sie Stop-Loss-Orders! Auch in Deutschland ist das jetzt möglich. Wie es funktioniert? Nehmen wir an, Sie haben für 125 DM im Sommer 1993 einen Posten von 100 Aktien der Lufthansa AG gekauft. Sie wollen maximal einen Verlust von 25 DM riskieren. Sie geben deshalb Ihrer Bank eine Stop-Loss-Order (in diesem Fall die Order zum Verkauf) für den Kurs von 100 DM.
Sollte der Kurs auf 100 DM sinken, werden Ihre Aktien automatisch verkauft, und Sie begrenzen Ihren Verlust auf 100 Aktien x 25 DM = 2.500 DM. Diese Handelsweise schützt Sie vor größeren Verlusten, die ja ohne weiteres eintreten können. Steigt der Kurs aber von 125 DM auf 175 DM an, dann sollten Sie die Stop-Loss-Order auf 150 DM heraufsetzen. Steigt der Kurs dann nicht mehr weiter, sondern sinkt er auf 150 DM herab, wird Ihre Position an Lufthansa-Papieren verkauft. Dadurch bleibt Ihnen aber der Gewinn von 25 DM pro Aktie gegenüber Ihrem Kaufpreis von 125 DM erhalten.

5.8.2 Käufe ohne besonderen Anlaß

Wer seine Altersvorsorge aufbauen will, kann selbstverständlich auch Aktien kaufen, ohne ein besonderes Signal abwarten zu müssen. Gerade die bekannten Aktien (sogenannte Blue Chips) sind eigentlich immer einen Kauf wert. Schließlich geht es bei der Anlage Ihres Kapitals nicht darum, möglichst schnell ein paar Mark zu machen, sondern langfristig Kapital zu bilden, mit dem eine angenehme Altersrente möglich wird.

Bei den schon häufiger angesprochenen Blue Chips handelt es sich in Deutschland um die im Deutschen Aktien-Index (DAX) enthaltenen Aktien. Diese verhalten sich mehr oder weniger konstant wie der Index. Das heißt: Steigt der Index, dann sind auch die meisten dort enthaltenen Aktien gestiegen. Aber auch der Umkehrschluß stimmt: Erwartet man einen sinkenden Index, dann können Sie auch mit sinkenden Kursen der jeweiligen Aktien rechnen. Dies gilt nicht nur für Deutschland, sondern beispielsweise auch für Amerika und den dort beheimateten Dow Jones Industrial Average (DJIA/Dow-Jones-Index). Wie konstant sich die Indizes über die Jahre nach oben entwickelt haben, zeigen die Kursgrafiken der Abbildung 24 und Abbildung 25.

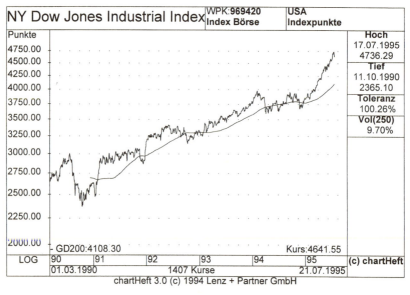

Abbildung 24: Dow-Jones-Index

Abbildung 25: DAX-Index

6 Altersvorsorge durch Immobilien

Trotz aller Statements von Norbert Blüm bleibt eines sicher: Die Mieten werden weiter steigen, und die Schere zwischen Einkommen und Rente wird immer weiter auseinandergehen. Es ist sicher nicht nur als Werbung anzusehen, wenn Hans Wielens, Vorstandsvorsitzender der Deutschen Bank Bauspar AG, in der *Wirtschaftswoche* 51/93 mit dem Satz zitiert wird: »Ohne selbstgenutztes Wohneigentum kann im Alter niemand seinen Lebensstandard halten.«

So stiegen in den letzten zwei Jahrzehnten die Mieten jährlich um über sechs Prozent, und da der Engpaß auf dem Wohnungsmarkt wohl noch eine Weile andauern wird, ist eine Ende der Spirale nicht abzusehen. Der Song von Udo Jürgens »Mit 66 Jahren« könnte daher für viele eine ganz andere Bedeutung erhalten. Wer jetzt nämlich nicht anfängt, läuft Gefahr, mit 66 Jahren in die soziale Verelendung abzurutschen. So gesehen, ist die Vorsorge eine reine Selbstverteidigungsmaßnahme. Und wie kommen Sie zu einer selbstgenutzten Immobilie?

6.1 Eigennutzung einer Immobilie

Hier ist der traditionelle Weg sicherlich der beste. Zuerst ansparen, dann finanzieren, dann bauen. Bei den derzeitigen Immobilienpreisen scheint ein solches Vorhaben beinahe unrealisierbar, aber vielleicht hilft es, wenn Sie einen etwas weiteren Weg zu Ihrer Arbeits- oder Dienststelle akzeptieren oder statt eines Eigenheims einer Eigentumswohnung den Vorzug geben.

Für was auch immer Sie sich entscheiden: Tun Sie es jetzt, gehen Sie diese wichtige Entscheidung noch heute an. Holen Sie sich Informationen, und lassen Sie sich beraten. Für den Bau eines Eigenheims oder einer Eigentumswohnung gibt es inzwischen eine Vielzahl von sinnvollen Ratgebern, die ich Ihnen dringend zur Lektüre empfehle.

6.1.1 Die Finanzierung der eigenen vier Wände

Bei der Finanzierung von selbstgenutzten Immobilien sollten Sie strenge Maßstäbe anlegen. Der Vorteil liegt in der größeren Sicherheit durch den höheren Eigenkapitalanteil. Beherzigen Sie die goldene Finanzierungsregel
- und bringen Sie nach Möglichkeit mindestens 30 Prozent an Eigenkapital auf.
- Achten Sie darauf, daß die Belastung nicht über 40 Prozent Ihres Nettoeinkommens steigt.

Wenn dies unerreichbar scheint, können Sie die Prozente etwas verschieben und sich mit 20 Prozent Eigenkapital zufriedengeben. Allerdings steigt dadurch vielleicht die Belastung auf 50 Prozent an.
Zum reinen Eigenkapital gehören auch eventuelle Bankguthaben, der aktuelle Wert eines Wertpapierdepots oder Ihrer Investmentfonds. Weiterhin können Sie auch Eigenkapitalersatz in Form eines Darlehens der Lebensversicherung sowie Eigenleistungen bei der Herstellung des Hauses geltend machen.
Zur Belastung zählen die Hypothekenzinsen und die Tilgungsbeträge. Das Nettoeinkommen besteht aus dem Einkommen abzüglich der Steuern und Sozialabgaben zuzüglich eines eventuellen Kindergeldes. Weihnachts- und Urlaubsgeld werden nicht berücksichtigt.

6.1.2 Das Finanzierungskonzept

Das nachfolgende Finanzierungskonzept stellt den Idealfall dar, Abweichungen sind immer möglich, sollten aber genau durchgerechnet werden.

➤ *Fremdkapital*
Versuchen Sie, mit möglichst wenig Fremdkapital auszukommen. Der maximale Anteil sollte 80 Prozent der Investitionskosten nicht überschreiten.
➤ *Disagio*
Vorteilhaft ist weiterhin ein hohes Disagio. Es kann bis zu 10 Prozent der Brutto-Darlehenssumme betragen. Die Zinsbindung sollte nicht unter fünf Jahren liegen. Allerdings darf dadurch die Eigenkapitalquote nicht unter 20 Prozent sinken. Achten Sie auch darauf, daß keine höheren Effektivzinsen entstehen.

➤ *Zinsfestschreibung*
Wenn Sie sich in einer Tiefzinsphase zum Häuslebau entscheiden, sollten Sie eine mindestens zehnjährige Zinsfestschreibung anstreben. Während einer Hochzinsphase lohnt es sich, eher flexibel zu sein und eine spätere Festschreibung (wenn die Zinsen gesunken sind) zu vereinbaren.
➤ *Tilgung*
Bei einem Annuitätendarlehen kommt für Sie nur eine regelmäßige Tilgung mit ein oder zwei Prozent zuzüglich der ersparten Zinsen in Betracht.
➤ *Tilgung durch Bausparvertrag*
Sollten Sie während der Laufzeit des Darlehens über einen Bausparvertrag verfügen, der zuteilungsreif ist oder kurz vor der Zuteilung steht, dann können Sie diesen zur Tilgung einsetzen. Sie sollten aber keinen Bausparvertrag für diesen Zweck neu abschließen.
➤ *Tilgung durch Lebensversicherung*
Haben Sie bereits vor Jahren eine Kapitallebensversicherung abgeschlossen, dann können Sie diese bei Auszahlung zur Tilgung nutzen. Aber auch hier empfehle ich Ihnen keinen Neuabschluß zum Zwecke der Tilgung.

6.1.3 Eigenheim als Altersvorsorge/Rente?

Wer über die Rente spricht, meint damit meist das Einkommen nach dem Ausscheiden aus dem aktiven Arbeitsleben. Tatsächlich aber werden nach Berechnungen der verschiedenen Institute eine Vielzahl der älteren Menschen schon nach einigen Jahren nicht mehr in der Lage sein, eine angemessene Wohnung zu bezahlen. Wohnraum und der normale Lebensunterhalt (Essen und Trinken) sind schon heute derart teuer, daß der Löwenanteil des Haushaltseinkommens dafür verwendet werden muß. Luxus wird dagegen immer billiger, nur: Wer kann schon seinen vierten Farbfernseher »in die Pfanne hauen«? Die Schere zwischen dem heutigen Einkommen und der Höhe der zu erwartenden Rente läuft immer weiter auseinander. Insofern kommt uns ein Eigenheim sehr gelegen, denn zumindest die Miete ist dann im Alter kein Thema mehr.

6.2 Kauf eines Mietobjektes

Wer schon ein Eigenheim oder eine Eigentumswohnung besitzt, kann sich mit der Vermietung eines weiteren Objektes eine relativ sichere Einnahmequelle schaffen. Auch hier sollten Sie bei der Auswahl eines geeigneten Objektes mit den Augen des Eigenheimers an die Sache herangehen. Schließlich wollen Sie das Objekt oder die darin befindlichen Wohnungen gut vermieten.

6.2.1 Das Finanzierungskonzept

Wir wollen uns bei der Beschreibung des Finanzierungskonzeptes auf die wesentlichen Punkte beschränken:

➤ *Fremdkapital*
Sie sollten einer Finanzierung mit hohem Fremdkapitalanteil den Vorzug geben. Das Bruttodarlehen sollte dem Kaufpreis entsprechen (100 Prozent Fremdkapital).

➤ *Disagio*
Ein hohes Disagio hat den Vorteil, daß Sie im Jahr der Investition eine hohe steuerliche Entlastung erhalten.

➤ *Zinsfestschreibung*
Auch hier gilt: Nutzen Sie ein Zinstief, um die Zinsen auf lange Sicht auf einem niedrigen Niveau festzuschreiben. Sollten Sie sich während einer Hochzinsphase zum Kauf eines Mietobjektes entschließen, geben Sie einer flexiblen Lösung den Vorzug. Sinken dann die Zinsen, können Sie sie immer noch festschreiben lassen. Achten Sie auf einen möglichst niedrigen Effektivzins.

➤ *Tilgung*
Wenn Sie über ein Versicherungsdarlehen finanzieren, dann sollten Sie eine Tilgungsaussetzung vereinbaren und gleichzeitig eine Kapitallebensversicherung abschließen, deren Ablaufleistung in etwa der Höhe des Nettodarlehens entspricht und unter den Anschaffungskosten liegt. Dann ist auch eine steuerunschädliche Abtretung möglich.

➤ *Belastung*
Neben den Zinsen müssen auch die Beträge zur Lebensversicherung aufgebracht werden.

6.2.2 Wer sollte ein Mietobjekt kaufen?

Wenn Sie jetzt noch an Ihren Raten fürs Eigenheim knabbern, dann wird Ihnen nicht der Sinn nach neuen Aufregungen stehen. Aber denken Sie einen Schritt weiter: In zehn Jahren sind die Belastungen für Sie geringer geworden, das Einkommen wieder etwas gestiegen, und es ergibt sich vielleicht ein finanzieller Spielraum. Statt eines noch größeren Autos oder dem Viertwagen für die Sprößlinge könnten Sie sicher auch ein Mietobjekt erwerben. Der Aufwand läßt sich bei entsprechender Vermietung in Grenzen halten, und die Mietzahlungen ergeben im Alter ein schönes Zubrot. Ja, und etwas zum Vererben ist so ein Reihenhaus auch.

6.3 Kombinutzung

Wem der Aufwand oder das Risiko einer über ein Eigenheim hinausgehenden Immobilieninvestition zu groß ist, der sollte über ein gemischt-genutztes Objekt nachdenken.
Kaufen Sie ein Haus mit zwei Wohnungen, und wandeln Sie es durch eine notarielle Teilungserklärung in ein Haus mit zwei Eigentumswohnungen um. Oder bauen Sie statt eines Einfamilienhauses ein Haus mit zwei Eigentumswohnungen.
In beiden Fällen verfügen Sie über zwei Wohnungen, die in getrennten Grundbuchblättern aufgeführt werden. Selbstverständlich werden auch zwei Finanzierungen aufgestellt und für beide Wohnungen getrennte Darlehen beantragt.
Bei der selbstgenutzten Wohnung verwenden Sie Ihr gesamtes Eigenkapital und drücken somit den Fremdkapitalanteil herunter. Auf der anderen Seite wird die zweite Wohnung vollständig mit Fremdkapital finanziert. Für die Finanzierung verwenden Sie einfach die weiter oben vorgestellten Konzepte.
Auf diese Weise schlagen Sie zwei Fliegen mit einer Klappe: Sie besitzen eine selbstgenutzte Wohnung im eigenen Haus und eine vermietete Eigentumswohnung.
Wenn Sie jetzt noch ein Arbeitszimmer (für Arbeitnehmer) oder ein Büro (für Unternehmer oder Selbständige) einrichten, können Sie einen steuerlichen Hattrick landen:

- *Sonderausgaben für den selbstgenutzten Teil des Hauses,*
- *Werbungskosten oder Betriebsausgaben für Arbeitszimmer oder Büro,*
- *Werbungskosten aus Vermietung und Verpachtung für den vermieteten Teil.*

7 Strategien

Aus den bisher vorgestellten einzelnen Anlagemöglichkeiten können Sie sich jetzt die für Sie passenden aussuchen. Ganz schön schwierig, nicht wahr? Als zusätzliche Hilfe will ich Ihnen noch zwei Musterfälle vorstellen.

7.1 Der 25jährige Mann

Folgende Ausgangssituation: Mann 25 Jahre, Frau 23 Jahre, (noch) keine Kinder
Beide sind berufstätig und haben seit Beginn ihrer Ausbildung/Tätigkeit jeder einen Bausparvertrag abgeschlossen. Beide werden in etwa zwei Jahren zuteilungsreif. Derzeit spart man für ein kleines Grundstück, es wird rechtzeitig vor Baubeginn zur Verfügung stehen. Für die Zeit danach wünscht man sich eine Absicherung, da die Frau Kinder haben und aus dem Berufsleben zumindest zeitweise aussteigen will.
Eine Kapitallebensversicherung empfiehlt sich hier nicht, da die Rendite trotz geringen Einstiegsalters und geringen Todesfallrisikos nicht annähernd die Rendite eines Aktienfonds erreicht. Empfehlen würde ich daher den Abschluß einer Risikolebensversicherung, die – nicht zuletzt wegen des geringen Alters – wesentlich günstiger ist. Darüber hinaus sollte ein regelmäßiger Betrag in Aktienfonds investiert werden, eventuell auch unter Ausnutzung der vermögenswirksamen Leistungen.
Vorteil: Das Risiko eines plötzlichen Todes ist abgesichert, für die Hinterbliebenen ist gesorgt. Der regelmäßige Betrag für die Fonds ist kein Pflichtbeitrag und kann jederzeit verringert oder ganz ausgesetzt werden. Zudem können die Fondsanteile bei extremen Lebenssituationen wieder verkauft werden (Ausnahme: VL-Konto). Hinweis für Pfennigfuchser: Wenn Sie sich ein Konto bei der Depotbank Ihrer Fondsgesellschaft einrichten lassen, können Sie Gebühren und Kosten sparen!

7.2 Der 62jährige Mann

Folgende Ausgangssituation: Mann 62 Jahre, Frau 60 Jahre, keine Kinder (mehr)
Die früher schon abgeschlossenen Kapitallebensversicherungen werden in wenigen Monaten ausbezahlt. Der Vertreter der Gesellschaft empfiehlt die Einzahlung in ein Rentenkonto bei der Versicherung. Die Frau möchte lieber keine Versicherung mehr.
Meine Empfehlung lautet hier: Eröffnen Sie bei der Bundesschuldenverwaltung in Bad Homburg ein Konto, und kaufen Sie für Ihr Geld Bundesanleihen. Lassen Sie die Wertpapiere auch dort verwahren und Ihnen nur die Zinsen auf Ihr Konto bei der Bank zahlen. Wenn der Versicherungsbetrag groß genug ist, können Sie mit den Zinsen als Zubrot zur Rente wahrscheinlich sogar auskommen. Bei einer Anlage von 100.000 DM und einer Verzinsung von 7,5 Prozent können Sie über 625 DM pro Monat verfügen, ohne das Kapital angreifen zu müssen.
Wenn Sie im Alter aber auch mal »auf den Putz hauen« wollen, können Sie auch einen Auszahlungsplan mit Ihrer Bank vereinbaren. Die Laufzeit des Renta-Plans der Frankfurter Sparkasse (Frankfurt/Main) beträgt mindestens vier Jahre. Der Plan ist kostenfrei, und der feste Zinssatz wird über vier, fünf, sechs oder sieben Jahre garantiert. Dann kann wieder neu entschieden werden. Nachfolgend in Abbildung 27 einige Beispiele:

Einmalige Einzahlung	Monatliche Auszahlungen im Rahmen der Verzinsung*	Monatliche Auszahlungen Aufbrauch des Kapitals nach			
		5 Jahren	10 Jahren	15 Jahren	20 Jahren
DM	DM	DM	DM	DM	DM
25.000,-	135,42	489,15	283,87	217,78	186,39
50.000 -	270,83	978,31	567,74	435,55	372,79
75.000,-	406,25	1.467,46	851,60	653,33	559,18
100.000,-	541,66	1.956,61	1.135,47	871,10	745,57

* angenommener Zinssatz 6,5%; Freistellungsauftrag liegt vor.
Abbildung 27: Monatliche Zinszahlungen bei Einmaleinzahlung

Wofür Sie sich auch entscheiden, Sie können von einer privaten Altersvorsorge nur profitieren!

Wer einen Computer sein eigen nennt und die gesetzliche Rente genauer berechnen will, kann bei folgender Adresse eine Diskette anfordern:

Bundesministerium für Arbeit und Sozialordnung
Referat Öffentlichkeitsarbeit
Postfach
53107 BONN

Sie können aber auch telefonisch unter 02 28-5 27 11 11 einem Telefoncomputer Ihren Wunsch mitteilen. Die Diskette ist übrigens kostenlos und beinhaltet auch die entsprechenden Gesetzestexte. Sehr empfehlenswert!

Fiegen, Lothar
Vorzeitiger Ruhestand
2. Auflage, 208 Seiten. Pbck.
ISBN 3-431-03356-3

Rat Team e. V.
Besser reisen bei Krankheit und Behinderung
Reiseangebote kritisch prüfen –
Die optimale Vorbereitung –
Geeignete Verkehrsmittel – Medikamente,
Hilfs- und Pflegedienste.
152 Seiten. Pbck.
ISBN 3-431-03346-6

Röthel, Hildegard
Die Pflege zu Hause
Ein Handbuch für die häusliche Krankenpflege.
5. Auflage. 187 Seiten. 63 Abb. Pbck.
ISBN 3-431-02957-4

Sitzmann, Hans
Die neue Pflegeversicherung
Ca. 96 Seiten. Pbck.
ISBN 3-431-03382-2

Ehrenwirth Verlag München

Hempfing, Walter
Falsch behandelt?
Ihr Recht als Patient nach einem Arzthelfer.
96 Seiten. Pbck.
ISBN 3-431-03377-6

Siebers, Alfred B. J.
Wer wagt, gewinnt!
Wie Sie Ihr Geld an der Börse richtig anlegen.
160 Seiten mit 18 Abb. im Text. Pbck.
ISBN 3-431-03381-4

Vanderborg, Clauss
Das große Verbraucherlexikon
Zur richtigen Entscheidung in allen Fragen, die Ihr Geld kosten.
Sonderausgabe. 128 Seiten. Geb.
ISBN 3-431-03080-7

Vanderborg, Clauss
Raus aus der Schuldenklemme
Ratschläge und Tips für alle, die mit ihrem Geld nicht zu Rande kommen.
Sonderausgabe. 208 Seiten. Pbck.
ISBN 3-431-03293-1

Packheiser, Karsten
Alles über die Scheidung
Über Unterhalt, Sorgerecht, Versorgungsausgleich.
208 Seiten. Pbck.
ISBN 3-431-03423-3

Ehrenwirth Verlag München